U0008080

一山一故事 ²

科技人的
歷史旅記

STORIES FROM
TAIWAN'S
MOUNTAINS

邱求慧——著

《健行筆記》神級人物的囊中物

H2U 永悅健康暨健行筆記執行長　陳俊嘉

在瞬息萬變的世界裡，我們過著繁忙生活，容易忽略身旁美好風景，而山川湖海自然奇蹟無處不在，每一座山背後都有一個動人的故事，那是一種等待被發現的寧靜力量，而邱求慧司長（以下稱邱司長）以他敏銳的觀察力和深厚的情感，持續為我們揭開在大地山河、時間洪流中，那些或許不為人知、或許值得細細深究的故事。

當我拿到這本書的時候，眼前浮現出的是一種期待，期待著走進每一座山，聆聽那些山川湖海的低語。

我本身就是登山愛好者，大學畢業後就和太太攀登第一高峰玉山主峰；現在每逢假日，我都帶著家人走步道、進山林，兩個小朋友從娃兒時期我就一起背著上山，到現在，一個小學生、一個幼兒園中班，週末來一場小百岳健行，對他們都不是難事，腳程走得很快、很穩，因此當我經營管理的 H2U 在 2019 年併購全臺最知名的《健行筆記》後，便持續優化這個全臺用戶最多、長期榮登運動類 App 第一名的平台，能將興趣和工作結合真的是一件很棒的事！邱司長不僅是我們的用戶，更是我們社群平台上發文的「神級人物」，我自己更是他的鐵粉。某次登山的路上，我還巧遇過司長，見證到邱司長對於山林的熱愛以及他對歷史、文化的嫻熟。

2022 年《一山一故事》出版後，我欲罷不能半日便讀完，還跟著內容實際走了一趟所有路線，而這對於腳很癢的山友來說自然不過癮。事隔兩年，終於等到了《一山・一故事 2》，邱司長再次帶領我們穿梭於大地之間，

同時透過文字力將每座山的故事娓娓道來，這些故事或許是山的歷史，或許是山的傳說，又或許是山的生態。然而，更重要的是，這些故事背後蘊含的精神力量，激勵著我們在現實生活中面對種種困難時，能夠勇敢向前，堅韌不拔。

每一次登山，對我不僅是一種身心的鍛鍊，更是一次次與大自然對話的契機，當我們站在山巔俯瞰著腳下壯闊美景時，心靈似乎隨之變得寧靜，這種寧靜並非是對於現實的逃避，而是一種重新梳理思緒的過程，尤其對企業經營者來說，從高空俯瞰的視角，常常更為跳脫框架，面對日日急於解答經營難題之際，往往有豁然來自天外間的解題靈感。

H2U 永悅健康是一個數位健康的 AI 科技公司，願景是要替個人的健康福祉做出最適化選擇，H2U 以提供健康指引為方針，目標成為全場景健康生活的實踐家，致力於將健康的理念和做法傳播給更多的人。

最後，我要由衷地向邱司長致以最崇高的敬意，感謝他用心書寫每一座山的故事，讓我們得以在閱讀的過程中品味生命與自然的真諦，《一山・一故事 2》將為讀者打開一扇通往自然與靈魂深處的大門，而身為全場景健康生活實踐家的我，將會跟著這本書再去體驗一次這些山岳的美景，正在看書的你，也跟我們同行吧！

有故事的書，等待著有故事的人

邱求慧

2022 年出版了我的第一本書《一山一故事》，剛開始還很擔心登山歷史書較為冷門，沒想到新書從半夜開始預售，隔天一早簽名版就立刻被搶購一空，出版社緊急拜託我再多簽數百本，也是在幾個小時內售罄，甚至在年底還被選為全年度暢銷書之一，在這個實體書不景氣的年代，非常謝謝讀者們的大力支持，讓我經歷了這一場奇妙的旅程。

過去曾聽前輩講起，著作就像孩子，出生後就是獨立存在的個體，此言一點也不假，第一本書出版後，不但讓我解鎖了許多人生的成就，書本身也在創造新的故事，衍生出的種種回響，有溫馨、有動人、有感傷，皆非我所能預料。

陳先生是一位我未曾謀面的臉友，他想要訂兩本我親簽的書。他告訴我，他有兩個小孩，一位在加拿大，一位在荷蘭，他想要送我的書給小孩們閱讀，因為：「我一再提醒小孩，莫忘臺灣是他們的根，不可以忘本」。

這一句來自父親的叮嚀，讓我感到無比地欣慰，或許，看了我的書，會讓孩子們更瞭解臺灣的歷史，會對臺灣有多一點感情，甚至更多了一些異鄉遊子對故鄉土地的牽繫。此刻的我深信著，這位父親如此有心，那兩位在海外的遊子，絕對不會忘了他們的家鄉。

《一山‧一故事 2》書中提到我的考證發現——百年前的獅頭山並非在現在的位置。有位黃小姐在我的臉書留言寫道：「小時候曾聽先母說過，真正的獅頭山不在望月亭這邊，元光寺的比丘尼曾帶她去過，但很少人知

道那地方。上週造訪獅頭山還想起此事，但無所頭緒。今天看到您的分享，也許正是您所提及的百年獅頭山，一解心中之謎。」

看到這則留言，我突然莫名地感動，黃小姐對小時候媽媽講過的故事，印象非常深刻，只可惜一直找不到答案，沒想到我書中的紀錄，竟然完全符合她母親的敘述。那個讓她困惑了一輩子的神祕地點，在數十年之後，偶然我的書裡得到印證，證明小時候媽媽講的故事絕不是騙她的，相信黃小姐內心一定充滿暖暖的回憶。

徐校長是位高職退休的校長，買了 10 本我的第一本書，希望我幫忙簽名，於是我約了徐校長見面。他告訴我，過去擔任校長時，沒有時間運動而導致體重飆破 90 公斤。退休後，有一群朋友帶著他去爬山，慢慢地，讓他回到正常的體重，不但身體變健康，精神也更好了，所以想贈送我的書答謝這些好朋友們，而若能獲得作者簽名，更能顯示感謝的誠意。

我聽了之後，深感徐校長是位性情中人，立刻提筆把每本書都細心地題上了字，他才滿足地帶著書告辭，看著徐校長離開的背影，我誠摯祝福他們老友間的感情會愈陳愈香。

王同學是我在東吳碩專班的學生，當我的第一本書剛開放預訂時，她就訂了書準備送給一位喜愛登山的好友，當對方知道要獲贈我的書時還十分高興。沒想到才過幾天，好友就因意外而不幸過世，王同學悲傷地說，實在無法接受這個事實，希望在告別式前，拿到我的書，可以兌現送書的諾言。

這個故事或許有點悲傷，沒想到我的書竟然成了來不及送出去的禮物。不過，王同學將書轉送給好友的妻子，希望他的妻子循著這本書的腳步，完成兩夫妻曾經想去卻還沒成行的山徑或古道，可以藉著我的書，讓兩夫妻雖然陰陽兩隔，心還是能如往昔一樣地靠近。

　　謝謝時報文化出版的趙政岷董事長，願意幫我出版這本記錄臺灣山林故事的新書，讓人間的有情，可以不斷地上演，也非常感謝全臺灣最專業登山網站——《健行筆記》的陳俊嘉執行長，提筆幫我撰寫推薦序。麥覺明導演曾在前一本書的推薦序文中推崇我說：「有故事的山，等待著會說故事的人」，希望藉由我的這本新書的出版，或許也可以這樣定位這一本新書：「有故事的書，等待著有故事的人！」

目錄

推薦序 《健行筆記》神級人物的囊中物   3

自序   有故事的書，等待著有故事的人   5

▶ 第一章　清 · 康熙至同治年間

1-1　五指山：離奇的無頭命案 (1786 年淡水同知被殺害) ················ 12

1-2　阿罩霧山：霧峰林家的三起離奇血案 (1864 年林文察戰死) ········ 18

1-3　朝陽國家步道：噶瑪蘭人的英國女婿 (1869 年何恩船難) ·········· 26

▶ 第二章　清 · 光緒年間

2-1　金面山：隱藏在臺北城的風水密碼 (1884 年臺北建城) ·············· 34

2-2　球子山：被最多國家占領的山頭 (1884 年球子山被攻占) ·········· 41

2-3　紅淡山：清法戰爭的臺北保衛戰 (1885 年紅淡山保衛戰) ·········· 49

▶ 第三章　日本 · 明治時期

3-1　芝山岩：士林的家山 (1896 年芝山岩事件) ························ 58

3-2　通霄虎頭山：日俄戰爭紀念碑的秘辛 (1905 年日俄戰爭) ·········· 65

3-3　頭寮山：三井林嵩壽基石的悲喜劇 (1909 年植林界碑) ·············· 72

3-4 貴子坑步道：昔日北投的陶瓷風華 (1912 年北投燒) ·············· 79

▶ 第四章　日本　·　大正時期

4-1 竹子尖山：最後一次的武裝抗日事件 (1915 年噍吧哖事件) ······· 88

4-2 虎山峰：臺北市史上最大的煤礦產地 (1921 年許金定開採松山煤礦) ·· 96

4-3 竹子湖：臺灣蓬萊米誕生之地 (1921 年蓬萊米栽種成功) ·············· 105

4-4 大塔山：找尋臺灣雲豹的蹤跡 (1923 年大塔山捕獲雲豹) ·············· 113

▶ 第五章　日本　·　昭和前期

5-1 十八尖山：臺灣的護國神山 (1926 年東山公園建成) ···················· 122

5-2 齋明寺古道：被遺忘的韓裔天才技師 (1928 年桃園大圳完工) ······ 129

5-3 飛鳳山：百年傳唱的臺灣歌謠 (1933 年創作〈望春風〉) ·············· 136

5-4 大崙頭尾山：故宮文物的萬里流浪記 (1933 年故宮文物遷移) ······ 145

▶ 第六章　日本　·　昭和後期

6-1 出關古道聖關段：國歌少年的故事 (1935 年關刀山大地震) ·········· 154

6-2 大師岩：地熱谷的新娘自殺事件 (1935 年千代子離奇自殺) ·········· 162

6-3 南澳古道：泰雅少女莎韻的傳說 (1938 年莎韻落水失蹤) ………… 172

6-4 瑞芳四秀：礦業鉅子的起落人生 (1940 年瑞芳事件) ………… 180

▶ 第七章　國民政府時期

7-1 臺中一中：以肉身擋軍隊的校長 (1947 年二二八事件) ………… 190

7-2 白米甕尖：亂世浮生的太平輪事件 (1949 年太平輪沉沒) ………… 199

7-3 五分山：歷史上最致命的颱風 (1959 年八七水災) ………… 207

附錄：山林故事地圖 ………………………………………… 214

第一章

清・康熙至同治年間

1-1
五指山：離奇的無頭命案
（1786 年淡水同知被殺害）

歷史故事

在二百多年前的新竹發生一件離奇的命案，當時的縣太爺出巡時被襲擊，連同十幾位隨從，竟然都被當場砍頭，震驚全臺。到底是誰有天大的膽子，敢殺害十多位朝廷命官與隨從呢？

這一天，我走了一趟新竹五指山，體驗了這座山林的美景，同時也試著解開這宗歷史懸案留下的謎團。

五指山有數個登山口，我選擇從竹林禪院起登，禪院停車場有十幾個停車位，而山徑入口就在禪院右手邊。踩著石階與樹根緩緩上行，穿越幽雅的柳杉林，路徑還算清楚好走，不用一小時就到達海拔標高 1,024 公尺的拇指峰，再上行約 20 分鐘，即可抵達海拔標高 1,045 公尺的食指峰。

五指山以五個山峰並立，形似手指而得名，「指峰凌霄」在清朝時就列入淡水八景之一，在日本時代，又獲選為臺灣的「十二勝景」，可見五指山的風景獨特秀麗。中指峰海拔為 1,062 公尺，有一顆二等三角點基石，名列臺灣第 30 號小百岳。

▲ 中指峰。

▲（左）巧遇知名登山部落客「陽明山腳下的法蘭克」，交流登山心得，開心合影留念。（右）我望著一顆巨石，似乎正在探尋著歷史的蛛絲馬跡，山友見我看得出神，從旁側拍。似乎告訴我，在巨大岩石旁，在歷史的洪流中，我竟顯得如此渺小。

一般登山是先上後下，先苦後甘，五指山則是從頭到尾，共要經歷「九上九下」，很多人不免覺得上坡下坡反覆折騰，常常只走到中指峰就折返，我則繼續挑戰後面二指──「無名指峰」（海拔 1,047 公尺）與小指峰（海拔 1,021 公尺）。那天，五指山被雲霧包圍，雖然沒有登高的好視野，反而彷彿是走在仙境之中。

回程路上，巧遇知名登山部落客「陽明山腳下的法蘭克」。想起上次登山遇見他是在「灣潭古道」，那次法蘭克匆匆忙忙要去灣潭趕公車，沒有時間深聊，而這次能夠開心地一起合影留念。有時候，能在山林裡遇見同好，互相交流登山心得，真的是一種「有朋自遠方來」的快意。

1786年淡水同知被殺害成無頭命案

關於五指山的歷史故事，是發生在二百多年前的命案，故事主角名叫「潘凱」，是當時管理整個北臺灣的清朝官員，職銜為「淡水同知」。而在清朝乾隆年間淡水廳轄區範圍，北起淡水，南至苗栗，相當於現在的整個北臺灣。

1786年1月17日，潘凱帶著32位隨從和家丁，從淡水廳治（今新竹）到貓裏社去勘驗一件命案。貓裏社是位於苗栗的平埔族聚落。貓裏就是苗栗的舊地名，是平埔族語「平原地」的意思。

潘凱處理完命案之後，在返程的路上，到了「老衢崎」（今苗栗竹南崎頂），突然聽到一陣打殺聲。身為官員，潘凱還算認真盡職，趕緊命令隨從們朝著喧鬧的地方趕過去。

潘凱一行人來到距離老衢崎約二公里的「樹林口」附近，沒想到突然出現一群窮凶惡極的歹徒向他們攻擊，經過一番抵抗和激戰，潘凱和十三名隨從被殺害，其他人則是各自連滾帶爬地逃命去了。朝廷高階官員竟然被殺，而且死者首級均被取走，沒多久消息就震驚了整個臺灣，離奇程度不下於1996年在桃園發生的「劉邦友血案」。

乾隆皇帝聞訊後大為震怒，指派福建巡撫「雅德」即刻嚴予懲辦。雅德經過一番調查，認定命案是「直加末南社」和「目懷社」的原住民所為，原住民原在山林裡射獵，在樹林口遇到隘丁防守，雙方發生衝突，在追殺過程中，剛好遇到潘凱一行人，殺紅眼的原住民，就將這位清朝命官給殺了。而根據地址位置判斷，直加末南社和目懷社的原住民應該是屬於「賽夏族」人。

雅德經過明查暗訪，這凶手直指居住在五指山附近的生番，於是他調度軍隊約一千名，由三路進攻五指山，先後殺獲原住民的首級38顆，中槍或逃跑途中跌落山谷而死約有一百多名，可以說幾乎完全滅庄。這宗當

年轟動全臺的命案,就這樣以剿滅二個生番庄社而結案。

　　剿滅逞凶生番後,雅德以「適遇生番滋事,冒昧往挐,以致突被戕殺,固由自取,但念其究係因公猝然遇害,情殊可憫,潘凱著交部照例議卹」上報乾隆,當時臺灣也歸雅德督導,推給死者冒昧躁進而被害,其實也是在開脫治安不良的責任,不過所幸還是依據因公傷亡的慣例,給予潘凱撫卹而結案。

　　這宗朝廷大官的命案,沒想到卻還沒因此而歸於平靜,民間反倒充斥了各式的耳語和傳說,清朝文學家及史學家「趙翼」,首先在其《皇朝武功紀盛》的書中發難,對官方的說法提出質疑,稱潘凱並非被生番所殺,只是無法找出真凶,只好抓生番來當替死鬼。

▲ 早期賽夏族的庄社照片。

同樣地，在清朝史學家丁紹儀的《東瀛識略》中也記載：「潘凱因公出城，忽被殺，并胥役殲焉，主名不得；當事者以生番戕害報，而罪人脫然事外：於是益輕官吏」，言下之意，犯案的人根本還逍遙法外，這樣的結案讓清朝官吏的威信簡直蕩然無存。趙翼沒來過臺灣，或許只是輾轉聽說，但是丁紹儀曾在臺灣住過八個月，想必還是有些消息的根據。

　　如果不是生番所殺，那又會是誰下的毒手？根據《淡水廳志》記載：「打那拔山生番與居民仇，伺過其地，將殺之。適凱以公至，聞驪從聲，誤為番所害」，也就是說潘凱其實是被生番所誤殺，不過如果這個說法是事實，那差別只是生番為「蓄意」和「誤殺」而已，那倒是也沒錯怪了凶手。

　　但是丁紹儀所稱的「罪人脫於事外」，真的有這樣的可能性嗎？讓我試著分析二個可能有關連的時間點，首先是潘凱被害前二年，也就是他剛接任淡水同知那一年，閩浙總督「富勒渾」奏請乾隆清丈臺灣「番界」，這土地清丈勢必損害許多人的利益，潘凱新官上任三把火，極有可能得罪了人而埋下殺機。其次是潘凱死後的一年，正是林爽文事變發生，所謂冰凍三尺非一日之寒，這些變民早已是蠢蠢欲動，先拿潘凱開刀也不是不可能。

▲（左）清朝史學家丁紹儀 在《東瀛識略》的記載。（右）趙翼於《皇朝武功紀盛》書中的文章。

很遺憾地我翻遍了許多的文獻，也無法斷定到底誰才是凶手，唯一可以確定的是，當年民間勢必對清朝的官員極為不信任，導致生番替罪之說不曾稍停，次年發生嚴重的民變也就不足為奇了。回顧二百多年前的這件重大刑案，到了今天還是顯得疑點重重，而成為一宗世紀懸案，就像我攀登這天五指山的雲霧一樣，不知何時才有撥雲見日的一天。

▲ 就像我攀登這天五指山的雲霧一樣，不知何時才有撥雲見日的一天。

五指山建議行程

登山口 ▶ 拇指峰 ▶ 食指峰 ▶ 中指峰 ▶ 無名指峰 ▶ 小指峰 ▶ 原路回程

距離 6.3 公里，步行時間 4 小時 30 分。

註：文中用「生番」一詞，乃因援用文獻的緣故，現代應改稱為「原住民」為宜。

1-2
阿罩霧山：霧峰林家的三起離奇血案
（1864 年林文察戰死）

 歷史故事

阿罩霧山下有一座非常知名的園邸，稱為「林家花園」，園邸的主人——「霧峰林家」被列為臺灣五大家族之一，在清代就顯赫於全臺。但是歷史教科書並沒有說，這個家族在近代史上，竟然發生過三起離奇血案⋯⋯

阿罩霧山位於臺中市霧峰區，是一座容易親近的小百岳。由於附近的丘陵地勢平緩，多被開發為果園，主要種植龍眼和鳳梨等作物。

登阿罩霧山可以先開車到霧峰樟公廟停車，再沿著產業道路開始健行。樟公廟的名稱是來自於當地一棵樹

▲ 霧峰樟公廟內有樹齡二百年的大樟樹，沿著產業道路即可開始阿罩霧山健行。

齡二百年的大樟樹，被居民稱為「樟公神木」。往阿罩霧山的產業道路為緩上坡，兩側大多是果園，沿途安靜悠閒，走到產業道路的盡頭，右轉原始的泥土路，路徑明顯，坡度不陡峭，走起來非常舒適愉悅，穿過一片果園後，再約步行三百多公尺，即可登頂阿罩霧山。

火炎山　聚興山　南觀音山

▲（左）阿罩霧山的產業道路沿路多為果園，坡度不陡峭，走起來非常舒適愉悅。（右）
阿罩霧山頂可以遠眺臺中市與苗栗的小百岳。

　　山頂附近往東南方望，可以遠眺草屯的九九峰，特徵明顯的鋸齒狀山峰橫亙在遠方，近處則是平緩的丘陵地，錯落許多農舍與果園，呈現一種恬靜自在的農園景致。再轉眺北方，可以看到臺中市郊區的小百岳——聚興山及南觀音山，更遠處則可以隱約望見苗栗的小百岳——火炎山和關刀山等。

　　「阿罩霧」是霧峰的舊名，因十七世紀時此處為平埔族阿罩霧社的世居地而得名。就在山腳下有一座霧峰林家花園，又被稱為「萊園」。霧峰林家早在清代時就是臺灣最繁盛的家族，整個園邸占地遼闊，規模宏大，顯示當年林家顯赫的程度，目前已經被列為國定古蹟，園林內除了各式庭園與樓閣外，還有一座博物館，陳列展覽霧峰林家的歷史與文物。

▲ 阿罩霧山海拔 249 公尺，山頂有一顆二等三角點基石編號 1136，比較特別的是，基石是立在一座方形的水泥護欄裡。山頂的腹地還算寬敞，視野也不錯。

▲ 早期林家花園內的「五桂樓」，梁啟超來臺時曾經下榻在此。

1864 年林文察戰死──霧峰林家家運轉折

　　位於阿罩霧山山腳下的霧峰林家花園，又被稱為「萊園」。霧峰林家早在清代時就是臺灣最繁盛的家族，林家第一代林石於 1746 年來臺發展，一開始住在大里杙（今臺中大里），直到第三代，才移居到阿罩霧。到了第四代族長林定邦時，林家在霧峰已擁有超過二千多甲的土地，成為在地富豪之家。

早年開墾時期，地方豪族間經常發生利益爭奪，當時霧峰林家就和草湖（今大里草湖）的林媽盛家族產生許多糾紛，1850 年兩造在會面談判過程中，一言不合而爆發衝突，林定邦竟然當場被對方開槍射殺身亡。

　　林定邦的長子叫林文察，父親遇害身亡時，才 22 歲，就被迫擔當起林家家業。林家眾多族人都在看這位年輕的族長要如何報殺父之仇。畢竟林媽盛家族在當時是一方之霸，替父報仇，絕非易事。沒想到林文察在隔年就單槍匹馬地將林媽盛押至父親墳前，在族人面前斬殺復仇。這時大家才知道，這位年輕的少主確實是個狠角色，林家龐大家業總算後繼有人。不過殺人畢竟是重罪，林文察雖然是報仇雪恨，卻不得不面對殺人官司。

　　當官府正在審理林文察的殺人案時，命運註定要林文察成為英雄豪傑。1853 年在中國廈門發生「小刀會」叛亂事件。經官府派兵圍剿之後，

▲（左）林文察。（右）林文察獲得清朝同治皇帝褒揚。

有數千名小刀會成員轉而入侵臺灣的基隆。當時臺灣守將曾玉明礙於兵力有限，擔心難以抵禦，聽說霧峰林文察驍勇善戰，於是徵召他一起征討。林文察挑選 200 位精銳鄉勇組團北上，竟然就把小刀會打敗了，立下重大的戰功，需才孔急的清廷便以「將功折罪」裁定林文察的殺人罪免刑，並繼續重用他來協助清廷平亂。

沒過多久，發生嚴重的「太平天國之亂」，太平天國徒黨勢力最大時，曾占據江蘇、浙江甚至湖北，使清廷大為震撼。而當時由於林文察的戰功勇猛名聲逐漸傳開，於是就被清廷派往中國剿亂。這一次，林文察協同胞弟林文明，精選四百餘名鄉勇渡海支援，一路征戰，屢屢告捷，收復不少失地。由於戰功彪炳，官職不斷升遷。到了 1862 年底，率大軍與太平天國主力部隊決戰，用計一舉殲滅數萬敵軍而大獲全勝。時任閩浙總督的左宗棠大為讚賞，上奏皇帝同意擢升為福建陸路提督，一躍成為臺灣人在清廷官階最高的官員，創下空前絕後的歷史紀錄。

1863 年臺灣發生「戴潮春事件」，派駐在臺灣的官兵根本無力鎮壓，能者多勞的林文察又受命返臺平亂，所到之處，敵人均紛紛潰散，陸續收復斗六、彰化等地，四個月內就平定了戰亂。戰績輝煌的林文察又獲得當朝同治皇帝的褒揚，以擒獲首逆論功行賞。

林文察以一介的臺灣人，卻在清代中央政壇快速崛起，加上他個性耿直，不諳官場文化，不免樹大招風而招致忌妒。

當時清朝從中國遴派來臺擔任臺灣道的丁曰健，就對林文察極為眼紅，數次向朝廷參奏林家在臺灣的霸道，甚至誣陷林文察有叛亂的意圖，朝廷於是決定將林文察再調離臺灣，繼續協助平定太平軍。不過，林文察尚未察覺朝廷開始提防他，還因為兵糧不足、準備不及等原因，暫緩了赴中國的行程，這個耽擱讓清廷大為不滿。

1864 年 8 月，林文察風塵僕僕地趕赴福建協防，但是他發現這次的戰雲詭譎，不但太平軍勢頭更盛，指派給他的軍士兵源也不足，10 月太平軍發兵數萬攻占漳州，林文察帶著有限的兵力匆促應戰，雖然以寡擊眾，暫時抵擋敵軍凌厲的攻勢，但是清廷卻一直拖延他的增援請求，即便林文察勇猛地以一擋百，但血戰數日後部隊還是全軍覆沒，林文察也戰死沙場而屍骨無存。使得這來自臺灣的第一猛將，竟然踏入朝廷有意無意設下的死亡陷阱，命喪在戰場之上。

林文察死後，由二弟林文明接掌霧峰林家。林文明跟著參加太平天國和戴潮春平亂，也得到不少戰功，獲朝廷拔升為「副將」。不過林文察死後，霧峰林家的軍權都被收回，林文明空有官職，只能把精力都放在家族的事業經營，雖然林文明魁梧壯碩，威勇善戰，但也不擅長為官，不斷向清廷索討積欠的軍餉，再加上與其他地方豪族長年積怨，屢遭控告侵占他人田產，清廷於是決定派專員赴臺，查辦林家的案件。

負責辦案的專員名叫凌定國，論官職不過是個「後補知縣」。1870 年 2 月接獲朝廷密令要除掉林文明，於是在同年 4 月 17 日開庭傳喚林文明受審。林文明故意身穿從二品的官服出庭，心想區區七品知縣絕不敢動手，沒想到關起大門後，凌定國一聲令下，衙役們紛紛亮出預藏的刀械武器，林文明一看勢頭不對，也立刻反擊抵抗，但畢竟雙拳難敵四手，堂堂清廷的副將官員竟被斬殺於公堂之上。

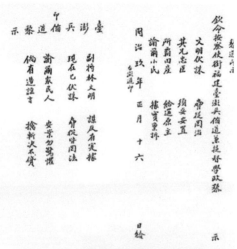

▲ 清廷對外宣稱是林文明在公堂謀反，但從當時臺灣兵備道黎兆棠立刻張貼林文明謀反及伏誅的告示判斷，殺林文明應為預謀，公堂謀反之說僅為託詞。

林文明被殺後，霧峰林家群情激憤，數千人自發性集結準備攻打彰化縣城，林母戴氏為免全族遭到殲滅，勸族人暫且忍耐，由林母赴北京控告官員惡行，不過，控訴官司前後纏訟了 15 年，幾乎把家財都散盡，所訴都被駁回，最後林母沒等到冤屈平反，於 1882 年病死於福州。

　　林母死後，林文察長子林朝棟眼看翻案無望，做了一個無奈卻睿智的決定，放棄為林文明被殺尋求平反，返臺協助林家重新開始。林朝棟的決定事後證明是對的，因為二年後發生清法戰爭，林朝棟受劉銘傳之邀，再率鄉勇赴基隆，竟然打敗了裝備精良的法軍，之後劉銘傳重用林朝棟，終於讓林家由谷底翻身，復興家族聲望。

　　綜觀林家威勇善戰的歷史，就算面對數萬敵軍，林家人幾乎毫無畏懼，勇敢地在沙場上戰勝對手。不過諷刺的是，在面對清廷「自己人」時，卻反而遭到無情地出賣。

▲ 林家花園內有一座全臺僅存的福州式戲臺。

林家花園裡有一座全臺僅存的華麗福州式戲臺，想像當年繁盛的林家，夜晚在此看戲飲宴，排場可說是風光一時。但是在戲臺下，林家的故事甚至比戲劇更為精采。雖然前後三位族長的殞落，都帶來了家族危機，卻總能一次次地度過難關。正如同臺灣人堅韌的精神，相信林家代代用血汗寫下的「阿罩霧傳奇」，世世代代都會牢記在霧峰人的心中。

🐾 阿罩霧山建議行程

霧峰樟公廟▶成功巷▶小產道叉路▶
小產道終點▶阿罩霧山▶原路回程

距離 3.3 公里，步行時間 1 小時。

1-3

朝陽國家步道：噶瑪蘭人的英國女婿
（1869 年何恩船難）

歷史故事

和宜蘭龜山有關的是一個英國臺灣女婿「何恩」的故事，他在 160 年前曾經來南澳拓墾，最後卻功虧一簣，客死異鄉，留下讓人唏噓的墾荒故事……

　　朝陽國家步道位於宜蘭縣南澳朝陽社區的龜山，緊鄰花東海岸，步道擁有十分壯麗的山海景觀，沿途不但可以聆聽海濤聲，還有各種豐富的動植物生態，是一條輕鬆而怡人的健行路線。沿著朝陽路走到底，接近朝陽漁港前，就是步道的登山口，有不少車位可供停車，登山口也有幾家海鮮餐廳和特色商店。

　　步道已經鋪設木棧道，路況大致相當良好，一開始就有數百公尺的上坡路，所幸路途中有幾處展望平台可供中途休息，並欣賞風景。展望平台的視野遼闊，可以俯視蘇澳海岸線，前方突出的岬角就是「烏石鼻海岬」，風景十分壯麗。

▲ 朝陽國家步道位於宜蘭縣南澳朝陽社區南側的龜山，全長大約為 2.2 公里。

約莫行走 0.8 公里，爬上一處制高點「龜山頂」。視野絕佳，海上動態盡收眼底，因此自古以來就是戰略要點。根據史料記載，清朝劉銘傳軍隊在征討南澳泰雅族人時，曾在此設立砲台，故此處又稱為「砲台山」。

　　龜山是南澳溪北岸靠海邊的一座獨立山頭，因為遠遠望去，很像是一隻海龜停泊在山海之間而得名。海拔為 181 公尺，有一顆三等三角點編號4269 號，山頂甚為平坦寬廣。

　　從龜山頂有兩條路下山路徑，可以繞一個大 O 型，或直接繞一個小 O 型下山，這次登山，我選擇小 O 型下山，沿途會經過一些竹林，一路都是利於行走的木棧道。

▲（左）朝陽公園步道有海岸、有竹林，沿路欣賞豐富生態與美景。（右上）龜山頂可掌握海上動態。（右下）步道圖中可俯視蘇澳的海岸線，前方突出的岬角，就是烏石鼻海岬，風景十分壯麗。

1869 年何恩船難：噶瑪蘭人失去了翻身的機會

關於龜山的歷史故事，要從「羅妹號事件」說起。1867 年，美國商船「羅妹號」因為海難而擱淺在臺灣恆春半島，由於當地屬於原住民斯卡羅領地，船長夫婦和船員均生死未卜，著急的家屬於是在香港的報紙上刊登懸賞啟事，提供賞金徵求是否有人可以去營救，有一位英國人名叫何恩（James Horn），剛好在亞洲做生意及探險，天生具有冒險性格，正巧看到報紙上的懸賞，決定要去臺灣冒險，以賺取鉅額賞金。

何恩到了打狗（高雄）後，經過其他人的介紹，認識了剛剛失業的英國人必麒麟，必麒麟看到了同鄉，願意幫忙打聽「羅妹號」的消息，二人搭船前往失事的地方，對於臺灣熟門熟路的必麒麟探訪附近的原住民，果然獲得寶貴的情資，因此挖掘到船長杭特的夫人遺骨，順利地獲得了這筆賞金。

何恩在恆春半島的這段時間，觀察到當地的平埔族人處境堪憐，他們委身在漢人和原住民之間討生活，不但受到漢人的歧視，也同時受到原住民的欺凌。但何恩認為平埔族人其實相當友善、老實而寬厚，於是暗自下定決心要幫助他們。領取到賞金之後，何恩原本計畫留下來，但是必麒麟建議他可以去噶瑪蘭（今宜蘭），因為噶瑪蘭發展機會比較多，而且當地平埔族噶瑪蘭人的處境更可憐，於是何恩接受建議，往噶瑪蘭出發了。

1868 年初，何恩到了蘇澳，發現當地平埔族噶瑪蘭人確實面臨極大的困境，因為不懂法規與漢文，耕地一再受到漢人的侵占與詐取，面對壓迫，又無法像生番（原住民）一樣以武力對抗，多數只能無奈地淪為乞丐，或是離開家園而流離失所。

何恩常常提供噶瑪蘭族人物資上的幫助，進而與他們成為好朋友。畢竟，其他族群都只會欺凌噶瑪蘭族，只有何恩是真心對他們好，因此連頭

目的女兒也愛上了這位善良的洋人，就這樣，何恩成為臺灣第一位外籍的平埔族女婿，還生了一位很可愛的女兒。

眼看在蘇澳的日子一天不如一天，於是，何恩向噶瑪蘭人建議，與其留在蘇澳遭到漢人的欺壓，不如移居到大南澳（今宜蘭南澳）去。聽說那裡幾乎沒有漢人，也不屬於清朝的管轄之地，唯一的威脅是當地泰雅族人極為凶悍。

但是頭目聽了卻面有難色，原來十年前，曾有一批漢人去大南澳開墾失敗；六年前，又有近百人去試運氣，只剩下少數人活著回來；二年前，還有三十多位不怕死的人再度前往，迄今音訊全無。

何恩對於開墾倒是胸有成竹，他先從淡水找了幾位洋人幫忙，其中有一位美利士（James Milisch）是德國生意人，他從商業觀點來看，願意出資到大南澳墾荒。於是幾位外國人，帶著一群噶瑪蘭人，搭船從大南澳上岸，沒想到卻看到震驚的一幕——海灘上竟然整齊地排列著 35 具無頭的屍骨，看起來應該就是二年前那批拓荒者。顯然是泰雅族人要給他們一個下馬威！

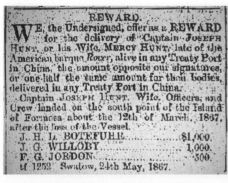

▲（左）美國商船「羅妹號」海難時，在香港登報徵求救人啟事。（中）「羅妹號」
　船長杭特夫人。（右）英國人必麒麟。

看到整排屍骨，換做是一般人應該要逃跑了，但是，當時噶瑪蘭人也無處可去，而且經過這段時間的相處，他們很信任何恩的本事。果不其然，何恩在斯卡羅學習到要付「番租」的知識，在大南澳也一樣有用，就這樣他們在這裡駐紮下來。不過為了防範敵人，於是建立了一個大寨和一個小寨。根據黃祈雄的研究，推測大寨就在現今的朝陽社區天后宮附近，小寨則在龜山南方的谷地。

墾荒的日子雖然辛苦，但是噶瑪蘭人勤勉地種茶和採樟，再由美利士經營的貿易行銷售，事業逐漸轉虧為盈，族人生活也獲得改善。儘管和在地的泰雅族人難免有些衝突，但是並沒有太大的傷亡，噶瑪蘭人的生活似乎有了曙光。

可惜好景不長，宜蘭的地方官員開始注意到這個外國人的「殖民地」，並向英國領事館提出抗議，只是英國領事以大南澳非清朝管轄之地而拒絕處理，地方官員只好上報清廷，當時負責外交事務的就是總理各國事務衙門大臣恭親王奕訢。

奕訢可不是省油的燈，他是同治皇帝的親叔叔。知道此事後，不但向皇帝上奏，聲稱何恩（奏章裡稱名康）、美利士結交番眾，恐生後患。並且連發五道公文給二國領事館，威脅如果二國不積極處理，清

▲（上）大南澳的泰雅族戰士。（下）朝陽社區的信仰中心天后宮。

廷將發兵嚴懲。雖然何恩認為他已經在臺灣娶妻生子、成家立業，而且他也有付租金給當地原住民，絕對一切合法，不過情勢比人強，當時的英國公使阿禮國，再幾個月就要退休，不想因何恩而影響和清廷的關係，於是下令何恩限期撤出當地。

可憐的何恩，看著妻女與跟著他的一百多位噶瑪蘭人，眼淚不禁流了下來，內心暗自咒罵這位阿禮國公使，是個待退而怕事的官員。

只不過，大南澳無法再停留，哪裡又是他們未來的家呢？1869 年 10 月，無奈的何恩帶著 33 名噶瑪蘭人，放棄開墾的家園，想要往南尋找下一個落腳點，或許在花蓮？或許更往南？

只是，老天並沒有眷顧這位愛臺灣的老外，帶著噶瑪蘭人搭船離開南澳後，不幸遇上了強烈的暴風雨，船被漂流到屏東的斯卡羅領域，這個他曾經獲得賞金的地方，不過他的好運用完了，船意外撞上礁石而沉沒，何恩從此消失在臺灣的歷史中。

噶瑪蘭人曾經有翻身的機會，可惜卻只有曇花一現，倖存的人只好流浪到花蓮找機會，部分人則又回到蘇澳繼續成為乞丐或流民，噶瑪蘭人終於逐漸消滅在這不公不義的世代之中。

不過，故事還沒完全結束。26 年之後，有一位美國戰地記者達飛聲（James Wheeler Davidson）來臺灣採訪，他曾在南方澳遇見一位已嫁為人婦的女子，身穿平埔族服裝卻有西方人的外表，據他判斷應該就是何恩的女兒。

▲ 奕訢向皇帝舉發的奏摺內文。

這個故事史稱「大南澳事件」。何恩最後從美麗的朝陽漁港搭船出海，卻葬身海底，以悲劇收場。有人認為是何恩私占臺灣的領土，但是相對漢人常用詐術取得土地，不斷地壓迫平埔族人，讓這個悲情的族群滅絕而消失。何恩卻是向原住民付了租金，還成了噶瑪蘭人的女婿，並努力協助族人找到安身立命之地，誰說何恩不是最愛這片土地與族群的人呢？當年何恩的遺孀，帶著一個臺英混血兒，相信日後一定遭遇難以想像的生活困難，

所幸有文獻記錄何恩的女兒還活下來，雖然何恩的拓墾失敗了，但是他的血脈留在臺灣。如果有人在南方澳遇到長相像西方人的當地人，說不定就是何恩的後代，我們衷心感謝他曾經為這片土地和族群的付出。

▲ 美麗的朝陽漁港。

🦶 朝陽步道建議行程

朝陽漁港登山口▶烏石鼻觀景臺▶砲台山觀景臺▶龜山▶朝陽路▶登山口

距離 2.38 公里，步行時間 1 小時。

第二章

清・光緒年間

2-1
金面山：隱藏在臺北城的風水密碼
（1884 年臺北建城）

歷史故事

清代臺北建城時所用的石材，是開採臺北內湖金面山上的砂岩，可惜臺北城命運多舛，短短 21 年就被拆掉了，這些拆除消失的砂岩城牆背後，有許多你不知道的臺北城故事……

金面山是內湖附近熱門的郊山，山上布滿許多大岩石，這些岩石主要是「石英砂岩」。因富含石英，當陽光照射在山上時，遠遠望去會顯得金光閃閃而得名。

金面山有多處登山口，我選擇從內湖區環山路一段 136 巷起登，車子則可停在環山路邊的停車格，一路踩著天然石階山徑而上，約 200 公尺左右就可以看到一處採石場的遺跡，這處採石場空間並不大，但是岩壁上

▲ 金面山上的採石場。

都還留下採石的鑿孔，想像腳底下踩著的這些巨石，當年就從這裡運送下山以興建臺北城門，不免令人發思古之幽情。

　　採石場旁邊有一處平台，是過去採石工人的休息區，可以遠眺臺北市街景與在不遠處的基隆河。當年金面山的岩石被開採後，先以槽狀斜坡道滑下山，運送至基隆河畔，再以船運至臺北城的鄰近碼頭，然後，再砌成城牆與城門。甚至到日本時代，金面山的採石業依舊盛行，石材則作為興建地下水道或橋樑等，直到國民政府時期，金面山的採石場才慢慢沉寂。

▲ 採石場的平台是過去採石工人的休息區，可遠眺臺北市景。

登山步道中有幾段是陡峭的岩壁地形，同時也是臺北市知名的攀岩路線。部分陡峭路段可以拉繩索借力行走，幸好大多岩壁都有被鑿出階梯踩點，小心腳步踏行倒是安全無虞。據推測，這些石階也是利用當年開採遺留下來的岩石所鋪砌而成。

　　金面山海拔 252 公尺，因山頂有巨石形狀類似剪刀，又俗稱剪刀石山，山頂視野非常好，可以遠眺內湖區內郊山群峰，許多人都喜歡站在剪刀石上拍攝居高臨下的照片，因此成為許多網美取景打卡的熱點。多數人習慣稱剪刀石山為金面山，但是根據地籍，半山腰上的基石所在的地方才是真正地圖上的金面山，因為海拔僅有 180 公尺，所以知名度不高，登上後的視野也不如剪刀石山開闊。

▲（左）金面山山頂有巨石形狀類似剪刀，又俗稱剪刀石山。（右）登山步道的石階，是利用開採遺留的岩石鋪砌而成。

1884 年臺北建城，城牆改向風水好

清廷在 1876 年批准當時福建巡撫沈葆楨的奏摺，正式同意臺北府成立，後來接任福建巡撫的岑毓英便開始研議興建臺北城。經過探勘後，決定蓋在當時最熱鬧的大稻埕和艋舺之間，不過，當時臺北城預定地大多是荒地或水田，還需要大範圍地種植竹林，以讓土地更為紮實。

仔細看臺北古地圖，臺北城似乎向右邊轉了一個角度？很少人知道這中間竟然暗藏一個風水密碼！

話說臺北城建城經費籌措完成後，到 1882 年才開始動工興建，沒想到這時岑毓英被調任雲貴總督，建城的任務便落到當時的臺灣道臺劉璈身上。最原始的臺北城設計是正南北走向，但劉璈非常篤信風水之說，認為這樣會使臺北城沒有祖山倚靠，不利以後的運勢發展，於是更改城牆的方位走向，向右邊轉了一個角度，把「七星山」當成臺北的靠山。

築城必有城門，臺北城有東、西、南、北四個城門，再外加一個小南門。不過，其中小南門的造型和其他城門不太一樣。原來當時清廷財務非常困窘，要靠地方仕紳捐輸經費造城，其中出錢最力的就是板橋林家，但是當時板橋進城都要經過艋舺。而艋舺地區多半是泉州人，和板橋林家的漳州人素來不合，於是林家乾脆捐錢自建一座小南門，如此一來，不用經過位於艋舺的西門，避免常常和仇人打照面，就能自由進出臺北城。

▲ 臺北城建城初期的地圖，西邊是艋舺，北邊是大稻埕，整個臺北城向右轉了一個角度。

沒想到建城完成後沒多久，臺灣就進入日本時代，日本政府認為城牆會影響城市的發展，便著手拆除臺北城的城牆與當年最豪華的西門，後來

▲（左）當年最豪華的臺北城西門。（右上）當年的臺北城東門。（右下）和古代東
門的對比，現代東門少了古味。

甚至打算再拆更多的城門。但是，在當時以臺灣總督府圖書館館長山中樵
為首的學者們強烈堅持下，認為就算是清朝留下來的城門，也都是臺灣發
展的重要歷史遺跡，最後才讓其他四座城門總算保留了下來。

　　可惜的是，1966 年高玉樹擔任臺北市長時，竟然以整頓市容與符合觀
光的理由，將城門進行改建，讓原本城門是具備防禦功能的碉堡式設計，
改建為綠琉璃瓦頂亭閣式建築。若將舊時東門和現代東門圖片對比，會發
現現在我們看到的東門，已經完全失去古味和歷史意涵。而四座城門中，
只剩下北門仍保留原始設計，成為少數在臺北市區中留存的清代歷史建築。

　　臺北城的城牆拆除後，沿著原來的城牆建造寬敞的環城「三線路」，
也就是現在臺北市的中山南路、愛國西路、中華路以及忠孝西路，成為臺
北市現代化道路的最初骨幹。而當年城牆拆除後留下的石材，則移作建造
「臺北刑務所」，也就是現今臺北監獄的圍牆。當時金面山上閃亮的岩石，
曾經一躍成為護衛臺北城的城牆，沒想到時不我予，最後移作為關押犯人

▲ 環城「三線路」是現在臺北市的中山南路、愛國西路、中華路以及忠孝西路。

的牢房圍籬,如果金面山的岩石有知,也會感到不勝唏噓吧!

　　當年環城的三線路,由於道路寬敞,於路中種植樹木,讓三線路有「小巴黎」之美稱。許多戀愛中男女喜歡來此散步約會,三線路變成為最浪漫的林蔭香榭大道。臺語歌作詞家周添旺所做的歌曲〈月夜愁〉,歌詞開頭就是:「月色照在三線路,風吹微微,等待的人哪嘸來」,述說多情女子在三線路等不到心上人的悲情,雖然已經是近 90 年前的老歌,曲調卻依然動人心弦。

　　究竟臺北城倚靠七星山的風水論,對於臺北後來的運勢有沒有幫助呢?

　　其實,當年劉璈受命是要將臺灣省城設在「大墩」(今臺中),並且已經開始著手興建,沒想到,後來邵友濂接任臺灣巡撫後,提出種種理由認為還是應該建省城於臺北,最後停止臺中省城的興建。此後,臺北就成為臺灣的政治和經濟中樞,一直到現在,臺北的重要性都未曾稍減,某種程度上似乎印證了這好風水真的發揮了效應。

臺北城或許因為風生水起而成為臺灣的首善之都,不過建城的劉璈下場卻不怎麼太好。劉璈在任內興建學校、開墾土地和發展產業,相當有建樹,卻因為素與劉銘傳不和,當他的靠山左宗棠死後,就被劉銘傳上書陷害,羅織罪名,最後流放黑龍江而客死異鄉。而清末對臺灣貢獻極大的這二位劉姓官員,因為互相傾軋,劉銘傳最後也因改革遭忌,失意辭官而告老還鄉,下場也沒有比劉璈好到哪裡去。

現在的總統府座落的臺北市博愛特區,正是昔日臺北城的核心區域。臺北市建城才 136 年,卻已經是相當化的都市。如果你有機會經過忠孝西路的北門,請記得端詳這個僅存的舊城門,曾經護衛著這一座城市。

如果你有機會登上金面山,請撫摸山上的砂岩,或許可以感受到昔日舊臺北城的溫度;當然如果有機會登上七星山,也請記得為這一座城市祈禱,祈禱臺北的祖山,可以永遠庇蔭這座美麗的城市,永遠繁榮而興盛。

👣 金面山建議行程

▶ 環山路一段 136 巷登山口▶ 清代採石場▶ 剪刀石山▶ 金面山▶ 環山路二段 68 巷▶ 環山路二段返回 136 巷

距離 3.06 公里,步行時間 1 小時 50 分。

2-2
球子山：被最多國家占領的山頭
（1884 年球子山被攻占）

 歷史故事

球子山因為地處國防要塞，不但是清法戰爭時第一個被攻下的山頭，還曾經被盜賣給德國貿易商，而歷盡滄桑的球子山還有很多鮮為人知的故事……

　　球子山步道是一條臨近基隆港區的步道，近幾年基隆市將球子山燈塔整修完成後，成為熱門的登山健行路線，而且山頂視野極為壯闊，是觀海祕境景點。

　　球子山的歷史非常多舛，不但是清法戰爭時第一個被攻下的山頭，還曾經被盜賣給德國貿易商，更是曾經被最多國家攻占的山頭。

　　位於基隆的碼頭西岸的球子山，早期山頂沒有燈塔，是用柏油在山上燃燒，當作信號，以便引導海上船隻進出基隆港，因此

▲ 球子山海拔僅有 133 公尺，但視野遼闊，有 360 度景觀。

▲（左）建於 1956 年的球子山燈塔是第一座國人自行設計和建造的燈塔（右）往球
　子山燈塔的途中有棵樹幹粗大的鳳凰雀榕。

又稱為「火號山」。山頂有一顆土地調查局圖根點的基石，海拔
雖然僅有 133 公尺，但是視野非常遼闊，幾乎 360 度無死角地欣
賞壯麗海景。

　　登山口就在白米甕尖停車場，可沿著球子山燈塔的標示方向
行走，雖然山路距離基隆市街不遠，不過路況卻出奇地原始，甚
至部分路段還頗為泥濘，途中會經過一棵稱為「鳳凰雀榕」的大
樹，有個需要數人才能環抱的粗大樹幹，枝枒密布且高聳參天，
看起來應該有百歲以上的樹齡，此外，還會經過中油的基隆油庫
區，經過大約 1.5 公里路程，即可到達球子山燈塔。

球子山燈塔建於 1956 年，是第一座由國人自行設計和建造的燈塔，但是 1991 年就已經停止使用，燈塔因此荒廢了很長一段時間，而且被劃為軍事禁區，一直到 2018 年燈塔才重新整修，並開放遊客參觀。

　　球子山三角點距離燈塔僅有幾十公尺，山頂腹地相當寬敞，從東北邊望去，可以看見燈塔亮白的身影，映照著基隆蔚藍的海面，在海天一色的天際線上，和平島和基隆嶼橫亙其間，再伴隨著山坡邊的蘆葦花迎風飄盪，風景非常秀麗壯觀。

▼ 球子山三角點可盡覽港口船舶、白色燈塔、和平島與基隆嶼，海天一色，景色遼闊。

1884年球子山保衛戰後，歷經盜賣命運多舛

球子山因為位於基隆港西側，剛好扼住港區的進出通道，自古就是重要的制高戰略地點，在清朝時期曾有設置砲台，防禦敵人從海上的進攻。

▲ 清法戰爭時基隆港周邊的地圖。

故事要從1884年的清法戰爭開始講起，當時法艦在8月5日主動發動攻擊，最初先選擇砲擊港區東岸，但是遭到東岸砲台的反擊。翌日，法軍決定登陸大沙灣，在市區與守將曹志忠部隊展開激烈的槍戰。經過一天的熱戰，法軍被圍困在二沙灣附近，最後多數的登陸法軍都被殲滅，就在現今法軍公墓，成為這批法軍的魂歸之處。經過第一戰的挫敗之後，法軍經過一番偵察，發現港區西岸的球子山距離清軍主力部隊較遠，防守也較為薄弱，於是在10月1日集結戰艦11艘，朝向球子山全力進攻。

當時在球子山頂設有砲台，稱為「仙洞砲台」，而法軍則稱之為克萊門砲台（Fort Clément），山頂守軍當然也極力進行反擊，經過一日的砲戰，翌日法軍決定再次登陸，登陸地點稱為「仙洞鼻砲台」，法軍則稱之為「精靈砲台」（Fort Lutin），大約在現在的仙洞附近。

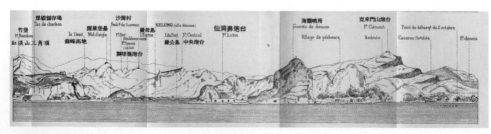

▲ 基隆海岸各個高點。

法軍共派出 619 位軍士登陸，而清軍章高元、陳永隆等守將則占據球子山高點極力抵抗，戰況十分激烈並且持續一整天，清軍雖然死傷慘重，但是十分英勇絲毫沒有退卻，一直戰到天黑才暫時歇兵。當晚劉銘傳接到淡水守軍的求援，研判法軍可能會進攻淡水，如此臺北勢必岌岌可危，於是下令球子山守軍撤退，導致球子山終究被法軍攻了下來。統計清軍此役共陣亡四百多人，而且只能草草就地埋葬，甚至連墓碑都沒有，球子山就成為這些保衛疆土無名英雄的葬身之地。

　　在球子山領軍血戰的守將名叫章高元，是淮軍的將領，清法戰爭時隨劉銘傳渡海來臺守衛臺灣，法軍來犯時他誓死請戰。根據劉銘傳在 1884 年 10 月 3 日的「法船並犯臺北基滬俱危移保後路摺」記載：「黎明，敵兵千人自口外西山登岸……敵復自山巔抄擊，章高元、陳永隆等退出山口，血戰抵持，直至酉刻，敵更猛撲我軍，復經陳永隆等擊退，陣斬一酋，我勇傷亡逾百。」說明了戰況的激烈。

　　這一場球子山攻防戰，最後以清軍退防淡水，導致球子山被法軍所攻占，當時隨軍的攝影師站在山頂，往基隆港拍下了這張照片，和我登頂時拍攝的同一個角度加以對照，讓人驚異於時代變化的巨大反差。

　　有趣的是，當時的港區內明顯還有小島，當時稱為「鱟公島」及「鱟母島」，由於影響了航路的行進，在日本時代進行築港工程時，將二座小

▲ 今昔對照，清楚看出基隆港昔日港內小島被挖除，成為現在的深水港。

島挖除並將港區浚深，才有今天深水港的規模。

　　所幸球子山被法軍占據的時間不長，1885 年 6 月清法簽訂新約，法軍就撤出了基隆。但是才又經過了四年，球子山發生了一件極為離奇的案件，有一位名叫劉瑞發的鄉民，只是因為劉家祖墳在山上，竟然偽造球子山的地契，並且將這片公有地賣給了一位廣東人龔琅圃，而龔琅圃又將球子山以 1,200 元的價格，賣給了一家德國貿易商裕興洋行，於是球子山竟兵不血刃地落入了德國人的手中。

　　這一樁離奇的盜賣公地的案件，過了 3 年才被官府發現，明明是戰略重地怎麼被外國人占用了，於是基隆廳開始進行一番調查，才驚覺了這個詐騙案，但是官府反應也堪稱一絕，竟然沒有收回土地，而是要求德商重新和基隆廳簽立契約，只是把賣方改為官府。另外，也因為龔琅圃被廳庫凍結了帳戶，沒有拿到賣地的價金，最後基隆廳乾脆就接收了這筆德商的錢，一宗土地盜賣案竟然就這樣荒腔走板地結了案。

　　又過了 3 年，到了日本時代，總督府也發現事有蹊蹺，為什麼球子山被外國人所占用？於是即刻展開調查，發現這根本是一樁盜賣案件，但由於德商確實也付了錢並和清廷簽立了契約，所以一直纏訟到了 1908 年，最後終於依「臺灣土地收用規則」將球子山買回。這座歷盡滄桑的球子山竟然分別被法國、德國及日本所占有，如果再加計 17 世紀殖民時期的西班牙和荷蘭，應該是全臺灣被最多國家占領過的山頭。

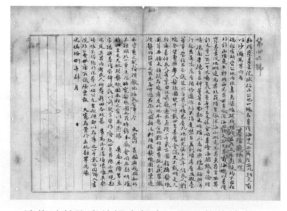

▲ 清代時基隆廳的調查報告，顯示草草結案。

說完砲台的歷史，再來談談燈塔，球子山燈塔雖然是建於 1956 年，但根據總督府《府報》的「第 19 號告示」，發現早在 1935 年，日本時代時在原址已設有一座燈柱，為黑白條紋的木造構造，高度為 9.1 公尺，光度可達 1,000 燭光，探照距離達 20 海哩。雖然是較小型的燈塔，不過依據這份文獻證明，球子山燈塔的歷史應該要整整提前了 21 年。

　　目前，球子山燈塔高 11.9 公尺，為四方形混凝土結構，在 1991 年停止使用後，該區域改為軍事禁區，連燈塔都配合附近的軍營而漆成迷彩綠，經過了近 30 年的封閉，在 2018 年重新整修並漆回白色，並且開放遊客觀光，吸引了許多登山客造訪這個賞景的祕境。

　　2020 年基隆市政府整修球子山步道，卻不小心鬧了一個烏龍。當年 5 月，基隆市文化局提出 1924 年臺灣堡圖，誤將球子山認為就是過去的「午砲」所在地，所謂午砲，就是早期曾經在中午時會施放的火砲，在手錶還不普及的時候，被作為一種報時的方式，讓基隆市民知道可以吃午餐休息了。不過文化局明顯是搞錯了，如地圖所示，這午砲所在地點根本是在虎子山，而不是在球子山。

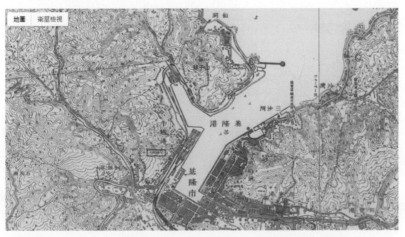

▲ 根據 1924 年日治地形圖，午砲所和球子山是兩個不同地點。

雖然基隆市文化局在文獻考究上搞了烏龍，但是整修燈塔和步道，並且藉由考證歷史來推廣觀光，還是非常值得肯定。球子山頂上已經崩毀的堡壘城牆，曾經在此英勇地抵禦法軍的攻擊，在那砲火連天的激戰中，無數的人民，為了保疆衛土而魂斷於此，譜出一段比悲傷更悲傷、比英勇更英勇的故事。

今天的球子山，抖落過去的悲情和多舛，重新以嶄新的面貌出現，讓遊客們可以欣賞美麗的無敵海景，就像這片山頂殘留的城牆一樣，承載著過去的勇敢的事蹟，希望永遠都不會再陷落。

▲ 山頂殘留的堡壘城牆。

👣 球子山建議行程

白米甕尖停車場▶鳳凰雀榕▶
中油基隆油庫▶球子山燈塔▶
球子山（火號山）▶原路返程

距離 3.13 公里，步行時間 1 小時 30 分。

2-3
紅淡山：清法戰爭的臺北保衛戰
（1885 年紅淡山保衛戰）

 歷史故事

如果一百年前，基隆的紅淡山被法軍攻占成功，臺灣的歷史可能從此被改寫，究竟這座郊山當年到底發生了什麼扭轉臺灣歷史的事蹟⋯⋯

　　紅淡山是編號第七號的小百岳，海拔為 208 公尺，早期稱為「雙龍山」。在日本時期，居住在基隆的日本人，因為思鄉情切，所以在山上普植「紅淡比」而得名，山頂視野非常好，可以遠眺整個基隆港的美景。

　　紅淡山有多個登山口，這趟我走的是寶明寺登山口，先把車子停在南榮路邊，再由寶明寺的牌樓起登。經過窄巷內一排民宅，緊接著爬一段石階梯而上，約略行走三、四百公尺就可以到達寶明寺。寶明寺建於 1933 年，是基隆地區知名的佛教寺廟。

　　寶明寺的上方山壁旁，有一

▲ 窄巷旁的寶明寺牌樓是登山口。

▲ 山頂觀景臺可遠眺基隆山、基隆嶼、基隆港、基隆市和基隆河，是所謂的「五基全景」。

個涼亭式的小廟，從小就住在紅淡山腳下的葉先生告訴我，這座小廟在寶明寺還沒興建之前就已經存在，可以說是寶明寺的前身。我仔細端詳小廟裡幾個日本時代的石碑，其中一個石碑寫著「昭和四年三月吉日久宝寺大壽代立之」，昭和四年就是1929年，證明這座小廟確實在寶明寺建寺之前就已經存在。

在接近山頂的稜線上，有一座扶輪社所建的觀景臺，觀景臺上的視野非常好，

▲ 山邊的涼亭式小廟是寶明寺前身。

可以遠眺整個基隆市的風景，還可以一覽所謂的「五基」全景，分別是基隆山、基隆嶼、基隆港、基隆市和基隆河。

在紅淡山三角點下方的庭園造景中，有個臺灣島形狀的花圃。臺灣島的最南端還裝設了小型的鵝鑾鼻燈塔。這處造景看起來明顯有點年代了。我找到一張約 1960 年左右的照片，照片中是一些年輕人來紅淡山登山郊遊，集體坐在這處花圃的草地上拍照留影，顯示這個臺灣島花圃算是當時的「打卡熱點」。可惜現今長滿雜草，登山客路過時，很少人會注意到這處景點。

紅淡山裡的佛光洞是一個極為巨大寬敞的天然山洞，早期棲息許多的蝙蝠，後來還曾當作是防空洞使用，可以容納 1,000 人以上，在洞口有一尊彌勒佛像，目前洞內供奉觀世音，是全臺最大的山洞寺廟。

一百多年前，紅淡山是清法戰爭的戰場之一。1884 年劉銘

▲ 紅淡山三角點下的庭園中有處臺灣形狀的花圃，早在 60 年代就是當時登山客會拍照留影的「打卡熱點」。

▲ 佛光洞的洞口有一尊彌勒佛。

傳受命率軍來臺抵禦法軍，但考慮難以兩邊兼顧，於是在 1884 年 10 月決定棄守基隆，將重兵回防淡水，以防法軍長驅直入臺北。當時清軍雖然已經棄守基隆，但仍占據獅球嶺和紅淡山等制高點，以箝制基隆的法軍，在紅淡山防守的清軍於是興築石牆作為防禦。而寶明寺知名的山門，經考證竟然就是當年清法戰爭時所建石牆，用以抵禦法軍的進攻。也就是說，這座山門石牆的歷史比起寶明寺，還更早了半個世紀。

另外在山頂三角點附近，有一處較為平坦的空地，清軍就是在這裡設立堡壘，稱為「竹堡」，並且在紅淡山到東邊的月眉山間，還修築一道肩高的石牆以阻擋法軍的槍砲，稱為「十里長牆」，目前在紅淡山頂都還可以看到長牆的遺跡。現在的竹堡遺址豎立著一塊指示牌，依稀仍可感受到當年在此戰雲密布的氛圍，只不過現在都長滿雜草和樹木，已經不復當年的氣勢了。

▲（左）寶明寺知名的山門石牆，興建時間比寶明寺早了半個世紀。（右）竹堡遺址的指示牌，是百年前清法戰爭留下的印記。

1885年紅淡山保衛戰，改寫臺灣歷史

　　如何證明紅淡山的石牆遺跡是清法戰爭時所建？可以從法軍繪製的地圖中找到答案，在法國的古地圖中（摘自「清法戰爭研討會」），被標示為「FORT BAMBOU」就是清軍的堡壘「竹堡」，而從地圖中很明顯地看出清軍的「十里長牆」。此外，當年清軍也在現今寶明寺的位置，設立另一座軍事堡壘，稱為「FORTIN DE L'AIGUILLE」，也就是所謂的「針堡」，這兩座堡壘防衛著紅淡山，並且監視著基隆法軍的一舉一動。

　　當時在獅球嶺和紅淡山主要的防守將領，就是霧峰林家的林朝棟，他是清朝時期臺灣人官銜最大的林文察的長子。林文察36歲戰死沙場後，林朝棟就肩負復興林家的重責大任。1884年11月奉劉銘傳之命，從中部率領500位鄉勇，馳赴基隆協助抵禦法軍，與法軍幾次作戰周旋，對於牽制法軍貢獻很大。

　　法軍在淡水一役失利後，法軍將領孤拔宣布用優勢海軍封鎖臺灣，並且開始增派援軍。1885年1月6日還從阿爾及利亞支援971名的「非洲軍團」，這隊援軍是由罪犯組成，由於期待在戰場上將功贖罪，故以剽悍和不守紀律而聞名。

　　1885年1月10日，12名非洲軍團成員看到紅淡山上有清軍的旗幟，彼此打賭日落前一定可以取下旗幟，竟然沒經過允許就冒失地攻上山頭，發動了紅淡山的第一場戰役，當然最後以這群非洲軍團被打敗而告終。

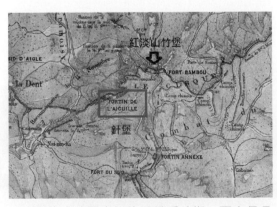

▲ 法國的古地圖中記錄了戰爭時期，兩座堡壘防衛著紅淡山。（圖片來源：清法戰爭研討會）

第一次進攻紅淡山失利後，法軍幾經偵察，發現東邊的深澳坑防守較為薄弱，於是轉而攻打東邊的月眉山，位置大概在現今的天外天墓園附近。1885 年 1 月 25 日，法軍共集結 1,900 名士兵進攻月眉山，很快地把防守薄弱的山頭攻下，不過翌日由林朝棟與福寧鎮總兵曹志忠聯手，又再奪回山頭。僵持到了 3 月 4 日，法軍再度集結大軍進攻月眉山，經過三個晝夜的肉搏戰，清軍終於潰敗，只有林朝棟的部隊尚且穩住陣腳，撤至基隆河南岸繼續與清軍對峙。

　　清軍撤退至基隆河南岸後，原本法軍還要乘勝追擊，沒想到突然下了一場大雷雨，基隆河水瞬間暴漲，或許是運氣，也可能是神助，阻止了法軍的渡河，沒想到直到戰爭結束，法軍竟然都無法渡過基隆河。無奈之下，法軍只好轉而進攻紅淡山，並且在山頂拍下這張令人震撼的照片，對照我登頂所拍攝的基隆港，135 年前的基隆港和二十一世紀的景觀比較，除了山峰沒有太大改變外，原來的平坦田疇都已經變成高樓大廈，頗讓人有滄海桑田之慨。

▲（左）當年非洲軍團就是從這個角度進攻紅淡山。（右）清法戰爭時清軍的照片。

▲（左）百年前法軍在紅淡山頭拍攝的基隆港。（右）百年後已成高樓林立。

　　法軍困在基隆河北岸無法渡河，臺北盆地暫時保得安全，於是主帥孤拔中將率領法艦進攻澎湖，憑著優勢的軍艦火力順利攻占馬公，不過不幸地，孤拔卻染上痢疾而客死異鄉，再加上在越南諒山的陸戰，法軍又被黑旗軍殲滅。這些軍事失利的結果，最後導致當時的法國總理茹費理倒台，清法兩國於 1885 年 6 月 9 日簽訂〈中法新約〉。自始至終，紅淡山和基隆河就好像是守護門神一般，護衛著臺北的安全，使得法軍終究無法踏進臺北一步。

　　在扶輪社觀景臺下方，有一個陣亡清兵的古墓，完全淹沒在荒煙蔓草之間，當地的葉先生帶著我，小心開路，才找到這個百年遺跡，墓碑上寫著：「向惟陞，湖南湘鄉縣人，光緒乙酉年」，光緒乙酉年正是 1885 年，證實這就是當年紅淡山清法之役中的陣亡軍士。

▲ 觀景臺下方的古墓碑埋葬著當年紅
　淡山清法之役中的陣亡軍士。

由紅淡山望向臺北市，依稀還可以看到臺北 101 的身影。我不知道當年從湖南跟著劉銘傳來臺打仗的向惟陞是誰？也找不到任何有關他的背景和線索，當時年輕的他離鄉背井來臺灣打仗，可惜卻殞落在這大時代的兵荒馬亂之中。不過，也由於他的犧牲才保護了臺北的安全，長眠臺灣的他如果地下有知，也會欣慰於這片他曾保護過的土地，不但轉危為安，而且後來更為安居樂業、萬業繁榮，或許這朝露般的人生也就沒有白過了吧？

▲ 天氣好時，從紅淡山可遠眺臺北 101 的身影，眼前臺北的歲月靜好，都是先人用生命征戰的結果。

👣 紅淡山建議行程

南榮路▶寶明寺牌樓▶寶明寺▶扶輪社觀景臺▶清朝古墓▶紅淡山▶佛光洞▶寶明寺牌樓

距離 4.17 公里，步行時間 2 小時。

紅淡山

扶輪社景觀臺

寶明寺

Start

佛光洞

第三章

日本・明治時期

3-1
芝山岩：士林的家山
（1896 年芝山岩事件）

 歷史故事

位在臺北市士林區，僅有 52 公尺高的芝山岩是座老少咸宜的親民郊山。在清朝曾是士林地區先民避難的城池。到了日本時代，成為第一間現代化學校所在地，不過卻發生了駭人聽聞的六名教師被殺害血案。

　　芝山岩的登山口在雨農橋頭的「百二崁」，是一條共有 120 階的石階。早在日本時代，山頂有一座神社，百二崁就是上山的參拜道路，現在山頂則改建為公園，有一片平坦寬敞的草地，還有涼亭、洗手間和閱覽室等設施，總是聚集許多民眾在此運動休憩。

　　芝山巖惠濟宮在當地小有名氣，建於清乾隆 1752 年間，目前被列為市定古蹟。以前，漳州人來臺北開墾，就是以士林和內湖為發展範圍，因此，芝山岩不但是當時漳州人的重要戰略要地，山上的惠濟宮則是地方的信仰中心。主要祭祀的神祇為「開漳聖王」陳元光。

▲ 芝山岩山頂有平坦草地，是供民眾休憩的公園。

由於在18到19世紀間，在臺的漳州人和泉州人發生許多武裝的衝突，歷史上稱為「漳泉械鬥」，士林也是經常發生械鬥的地方。如果發生衝突時，士林的漳州人就會以芝山岩為避難所，因此，芝山岩有興築城牆與隘門，作為防禦敵人的設施，原先有東、西、南、北四座隘門，目前僅留存西北二座。

　　芝山岩上，有一棵號稱是「臺北市最老的樹」，距離閱覽室不遠。這棵大樟樹樹齡已有320年之久。由於樟樹是日本時代重要的經濟樹種，可以作為樟腦及工業原料，因此多數原生樟樹均已被砍伐殆盡，僅有極為少數可以留存下來。

　　遠古時期的臺北盆地是一個鹹水湖，一萬年前，湖水退去，才讓盆地逐漸成形，當時的芝山岩是一個湖中的小島，所以在芝山岩上還有看得到當時遺留下來的淺海生物的化石，也有很多海蝕洞的地形。

▲（左）芝山岩的北隘門。（右）樹齡320年的樟樹，號稱是「臺北市最老的樹」。

1896 年芝山岩事件

　　山上還有一個巨大的石碑，偌大地刻著「學務官僚遭難之碑」幾個大字，在枝葉繁茂的大樹下，顯得十分肅穆。到底這裡曾經發生什麼樣的事件？現在，就來分享這座小山丘的發展歷史。

　　早期，士林附近都還是農田，只有芝山岩獨立成一座小山，由於外型圓潤，舊名稱為「圓山仔」。清朝時來士林屯墾的漳州人，覺得這座山很像漳州的芝山，故改稱為芝山岩。由於山丘地勢居高臨下，易守難攻，可作為防禦的城池，因此，後來在漳泉械鬥發生時，士林人就會聚集一起，並以芝山岩為防守的基地。

　　1786 年，臺灣發生「林爽文事件」，民兵和清軍在芝山岩發生激烈戰事，造成非常慘重的死傷，事後由於部分死難者無法辨識身分，被統一合葬在山上，並興築一座小廟以為祭祀，稱之為「同歸所」。到了咸豐年間，1859 年又發生嚴重的漳泉械鬥，約有 400 名士林的漳州人退守芝山岩，泉州人趁勢圍攻時，最後雙方戰死的人也是合葬在此。

　　初期，漳州人在士林開發區域是在舊稱「芝蘭街」的前街與後街附近，又被稱為「士林舊街」，當時居民的信仰中心就是現在的神農廟。但是在咸豐年間的漳泉械鬥後，漳州人從芝山岩回到芝蘭街，發現舊街已被泉州人破壞殆盡，有鑑於原處地勢較低容易淹水，乾脆改在現在士林夜市附近重建「士林新街」，以「慈諴宮」為中心，設立四方街道分別為大北路、大東

▲ 同歸所祭祀清代時，兩度因戰亂喪生的先民。

▲（左）惠濟宮後方的芝山巖學堂是臺灣第一間現代化學校。（右）首任學務部長伊澤修二被稱為「義務教育的開創者」。

路、大西路、大南路，並且比照芝山岩設立四處隘門，以防範泉州人的攻擊。

到了日本占領臺灣後的第一年，當時臺灣總督府負責教育的單位，稱為「民政局學務部」（大約是現今的教育部），發現芝山巖惠濟宮的環境十分清幽，很適合作為教育的場地，於是在 1895 年 6 月將學務部從大稻埕遷移到惠濟宮的後方，並且同時成立臺灣第一個現代化學校「芝山巖學堂」。此時的芝山岩從清朝的古戰場與埋骨所，竟然鹹魚大翻身，反而成為臺灣教育的首善之地。

那時候的學務部長是伊澤修二，他認為臺灣的教育最重要的是普及日語，並主張成立六年制「公學校」，另學校除了國語以外，還應教授算數、史地、理科和儒家經典等，這和過去清代以古籍經典為主的教育方式有很大的不同，此外，他也認為公學校費用應該由國家負擔，才能將教育普及，被視為是「義務教育的開創者」，伊澤在臺灣的時間雖然不長，但是對奠定臺灣現代化教育制度有相當的貢獻。

為了落實伊澤的教育理念，於是他從日本延攬了六位老師，分別是楫取道明、關口長太郎、中島長吉、桂金太郎、井原順之助，以及平井數馬來芝山岩擔任第一批的教員，其中年紀最大的是 38 歲的楫取道明，在日

本也是位教師，出生於書香門第，父親是一位知名的政治家，這六位日籍教師飄洋過海來臺灣，在芝山巖收了第一屆的學生。

1895 年 12 月 31 日，深坑陳秋菊、松山詹振、淡水簡大獅、三貂堡林李成、大屯山盧錦春，以及桃竹苗的抗日領袖等人，合謀起事想要奪取臺北城，由於抗日分子有高達五六千人之多，在事發初期日本警力不敵，於是退守臺北城以抵禦抗日軍的進攻，那時六位教師還不知道臺北城已經陷入戰亂，本來打算要到總督府慶祝元旦，到了臺北城一看情況不對，趕緊調頭返回芝山巖。

六位教師匆匆忙忙跑回到芝山巖時，剛好遇上了數百名抗日分子，本來還試圖解釋他們只是老師，但是由於語言不通，在群眾情緒高漲的狀況下，全部當場遭到殺害，甚至還被斬首。這一件事因為受害人是教師，而非軍警人員，所以震驚了臺灣及日本各界，事後就將六位死難者合葬在山上大樟樹下，並且於 1896 年的 7 月 1 日在芝山山頂設立「學務官僚遭難之碑」，由日本首相「伊藤博文」親自書寫碑文，史稱「芝山巖事件」或「六氏先生事件」。

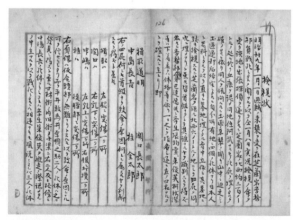

▲（左）六位日籍教師是第一批芝山巖學堂的教員。（右）日本政府對於「芝山巖事件」的報告。

事件發生之後，臺灣總督府刻意把芝山岩定位為教育的聖地，1903 年又設立「故教育者姓名碑」，刻上全臺灣所有亡故的教師姓名，藉此塑造教師的崇高地位，甚至以「芝山岩精神」稱之，由於芝山岩轉為宗教的處所，不再適合作為學校，芝山巖學堂便遷下山，

▲ 芝山岩在當時象徵全臺灣的教師精神堡壘。

並改名為「八芝蘭公學校」，也就是臺灣最老的國小——士林國小的前身。到了 1930 年石碑所在地更成立了芝山巖神社，每年 2 月 1 日都會舉辦盛大的祭典，儼然把芝山岩定為成全臺灣的教師精神堡壘。

戰後因為部分民眾仇日的緣故，神社和石碑都被破壞，神社原址則被改建為紀念戴笠將軍的雨農閱覽室，也由於軍情局、士林總統官邸都在芝山岩附近，於是芝山岩就被劃設為軍事區，有軍隊駐守東、西兩座砲台，嚴密監視周遭的動靜。直到 1993 年軍事基地才被撤除。2001 年，士林國小校友集資依照舊照片，才又再度重建石碑，而臺北市政府也於 2005 年將山上設施重新整修，開放市民登山遊憩，取名為「芝山公園」。

1930年芝山岩全景

▲ 芝山岩地貌經過近百年變化的今昔對比。

芝山岩早先是士林先民的避難城池，埋葬許多族群械鬥的死難者，在日本時代於此成立第一所現代化學校，不過卻又再度歷史重演，因族群衝突釀成遺憾的悲劇，三百多年過去了，芝山岩歷盡了無數的滄桑與榮光，最後一切的喧擾終於歸於平靜，現在已成為許多市民郊遊踏青的公園。比對古今的芝山岩照片，令人非常驚訝的是，雖然周邊的農田變成密集的高樓大廈，而芝山岩本身竟然沒什麼太大的改變，或許 300 年前他保護先民的人身安全，而今天它一樣是市民的庇護所，提供一個離開塵囂，讓身心安詳與平和的地方。

芝山岩建議行程

河堤小型停車場（雨農橋）▸ 芝山公園登山口 ▸
百二崁階梯 ▸ 學務官僚遭難之碑 ▸ 雨農閱覽室 ▸ 芝山岩最高點觀景臺 ▸ 故教育者姓名碑 ▸ 同歸所 ▸ 六氏先生之墓 ▸ 大石象 ▸ 惠濟宮 ▸ 西砲台 ▸ 北隘門 ▸ 聖祐宮 ▸ 清朝義塚遺跡 ▸ 洞天福地石碣 ▸ 考古展示館 ▸ 百二崁登山口

距離 2.5 公里，步行時間 1 小時。

3-2

通霄虎頭山：日俄戰爭紀念碑的秘辛

（1905年日俄戰爭）

 歷史故事

全臺灣唯一紀念日俄戰爭的石碑，豎立在苗栗通霄的虎頭山頂。
為什麼明明戰爭發生在千里之外，怎麼會將紀念碑設在苗栗呢？
其中有很多人都不知道的秘辛。

　　臺灣有個獨一無二的日俄戰爭紀念碑，豎立在苗栗通霄的虎頭山頂。
虎頭山雖然不高，卻有 360 度的廣闊視野，且讓我介紹這一座山的美景，
並且訴說山頂這個紀念碑的故事。

　　通霄神社位於虎頭山公園內，設立於日本時代的 1937 年，原來是祭
祀天照大神與北白川宮能久親王，戰後全臺各地神社多遭破壞，通霄神社
則是很難得地被完整保留下
來，但是神社被改為閩式「燕
翹脊屋頂」，還在屋脊上加
上一個國民黨徽，形成非常
特異的造型，2002 年被登錄
為歷史建築。

　　在公園內還有一座刻有
「虎嶼觀潮」的石碑，因為
虎頭山雖然海拔不高，卻是

▲ 被登錄為歷史建築的通霄神社，為閩式燕翹
脊屋頂，屋脊上有額外加上的國民黨徽。

附近數十公里內的最佳制高點，可以一覽無遺地遠眺通霄外海的波濤，故過去被列為苗栗八景之一。

通霄虎頭山海拔僅 93 公尺，山頂卻有二等三角點與三等三角點各一顆，此外還有一座「光復紀念埤」（埤為碑字之誤）。這座紀念碑在戰前，其實稱為「日露戰役望樓紀念碑」，露就是指俄國，因為過去日本稱俄國為「露西亞」，是全臺灣唯一紀念日俄戰爭的石碑，紀念碑設計造型像朝天砲管，砲身還放置一個船錨，相當有特色。

▲ 虎頭山山頂的紀念碑。

▲ 虎頭山遠眺通霄外海的景色。

1905 年日俄戰爭

日俄戰爭發生在千里之外，通霄怎麼會有其紀念碑？這個緣由要從甲午戰爭後講起。當時的日本和俄羅斯都在爭奪朝鮮半島和中國滿州地區的主導權，兩國發生了不少的衝突。1904 年 2 月 8 日，雙方艦隊正式開火引發戰爭，當時俄國是世界的強權，陸軍人數遠多於日本，海軍的艦艇數量也比日本多二倍以上，這場戰爭初期大家普遍都看衰日本。

沒想到日俄戰爭一開戰，日本首先在朝鮮的「鴨綠江會戰」擊敗俄國陸軍，又在遼東半島攻陷了俄軍的旅順基地，雖然日軍傷亡也很慘重，不過整體戰況取得優勢。更重要的是在海戰方面，俄軍的艦隊都停泊在旅順港內，由於日軍已經占據制高點，運用山砲及日艦聯合轟炸下，整個俄軍的艦隊近乎被全滅。這時候俄皇尼古拉二世下令，調派俄軍最強的「波羅的海艦隊」由歐洲馳援東亞，由於當時英國和日本聯盟，而蘇伊士運河受英國控制而不准通行，波羅的海艦隊只好大老遠繞經非洲的好望角，當艦隊接近東南亞海域時，位於通霄的虎頭山因為視野良好，就設立瞭望臺日夜嚴密監測臺灣海峽，以便見到俄軍艦隊的蹤跡時，可立刻向日本通報進行備戰。

俄國戰事雖屈居劣勢，但還是期待波羅的海艦隊抵達後，戰況可以反敗為勝，所以遲遲不願投降。經過了七個月漫長的等待，1905年 5 月 27 日俄國艦隊終於抵達日本對馬海峽，但是在凌晨被日本偵查艦「信濃丸」發現，趕緊發出了通知

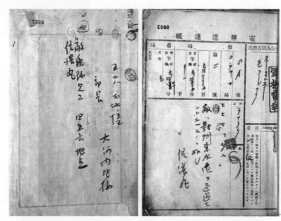

▲ 信濃丸原為客輪，日俄戰爭期間被軍方徵召，加上武裝，成為運兵船，最著名事跡為首先發現俄艦隊蹤影，此為發出的電報。

的電報，並且連夜整備迎戰，在當日下午 2 時雙方開始激烈砲戰，俄艦長期航行已經非常疲累，再加上日艦的布陣較為優勢，才經過不到 24 小時的交戰，俄軍艦隊竟然就被打到幾乎全軍覆沒，翌日俄國艦隊司令還被俘虜，最後只好放棄抵抗，開始協議停戰。

日俄戰爭是自 19 世紀起，極少數亞洲國家戰勝歐洲國家的戰役，日本的國際地位因此大幅提升，反之，當時的俄國原為歐洲強權，經此打擊就此一蹶不振，國內開始爆發一連串的革命，直接導致最後沙皇被推翻，建立蘇維埃政權。

戰後日本政府鑑於虎頭山的通信兵發現了俄艦的蹤跡，對於日俄戰爭貢獻很大，於是在此建造一座「日露戰役望樓紀念碑」，不過這件事其實有待商榷，因為根據俄方的文獻，當時波羅的海艦隊的航行路線，並沒有經過臺灣海峽，而是駛經臺灣的東部，不可能被虎頭山守軍看到，所以很可能是臺灣的守軍虛報戰功，或者日本政府根本只是找一個藉口，趁機向臺灣民眾宣揚打勝仗的民族優越感，而留下這一座疑點重重的紀念碑。

▲（上）1905 年日俄兩國簽訂《樸茨茅斯和約》。
▼（下）俄方波羅的海艦隊東來的航線圖。

傳統老藥品的由來

　　大家耳熟能詳的家庭常備胃腸藥「正露丸」，其實以前叫作「征露丸」，就是以在日俄戰爭期間，以征討俄國為名的藥品。在甲午戰爭時，軍人病死的人還遠多於戰死，所以日本就不斷地在尋求解決之道，後來由一位陸軍教官發現「木餾油」製劑有抑菌的效果，被認為可以治療當時軍中盛行的「腳氣病」，於是在日俄戰爭時便大量配發給士兵服用。

　　沒想到這藥品後來證實對腳氣病根本沒有療效，反倒對於防止腹瀉有顯著效果，戰後便被標榜為戰勝俄國的「萬能神藥」，吸引許多藥廠爭相生產，很快地，就變成家庭的常備良藥。後來征露丸也在臺灣、中國和韓國等各地廣為風行，二戰結束後，為避免造成國際紛爭，故改名為「正露丸」，直到今天還是頗受到普遍的歡迎。

　　講到正露丸，還要提到另一個家庭常備良藥「龍角散」，龍角散的歷史又更為久遠，可以追溯到二百多年前，是一位名叫藤井玄淵的御醫研發的止咳化痰藥。直到 1871 年，第三代的藤井正亭治開始在東京設廠生產，初期的材料是以「龍骨粉」，也就是犀牛或大象的化石磨成粉製成，後來因為龍骨太過稀少，已經改用其他藥材取代了。

▲（左）源於日俄戰爭的征露丸，為避免造成國際紛爭，改名為「正露丸」。
　（右）二戰時，一位美軍坐在征露丸的廣告牌前。

另一種知名度很高的家庭常備藥就是「仁丹」，仁丹的歷史也是超過百年以上，最早是由日本人森下博所生產製造，這個藥物的發展和臺灣還有點淵源，因為森下在甲午戰爭後曾於臺灣服役，觀察到臺灣人會含著一種清涼的藥丸，藉以降低感染疾病的機會。森下退伍回日本後，於是著手開發了紅色仁丹，並以援引臺灣的經驗，宣稱服用仁丹可以預防疾病，1905 年開始銷售，並獲得很大的市場成功。

1929 年仁丹則改為銀色粒狀，至此之後，幾乎就沒有太大的改變。直到現代，仁丹依舊是暢銷的藥品，只是逐漸轉變為提神醒腦、緩解暈車、暈船等功效，不再特別強調其預防疾病的效果了。有趣的是，「翹鬍子」一直是仁丹的商標，很多人都以為翹鬍子是一個軍人，其實根據森下博自己的說法，他是想要創造向國際宣揚保健的形象，所以這位翹鬍子大哥的人設其實是外交官而不是軍人。

早年，臺灣偏鄉地區的就醫相當不方便，於是有「寄藥包」的服務，約在1930 年代在臺灣地區開始流行起來。當時負責送藥包的送藥生，騎著單車或機車穿梭在鄉間各地，負責到家戶去寄放各式家庭常備藥，寄放是不需要費用的，只有真的使用藥品後，下次再由送藥生負責補貨及收費。

▲ 明治四十年，福島民報上的龍角散廣告。▼ 1883 年 仁丹刊載於日本大阪《每日新聞》的廣告。

這樣的寄藥包服務，從 1930 年代持續到 1960 年代，我小時候住在很偏僻的鄉下，經常半夜腹痛或感冒而取用藥包內的藥品，在那個醫療體系還不完善的年代，無法去醫院急診，只能靠寄藥包來緩解了生病的不適。如今健保制度已經非常完備，寄藥包服務也已成為歷史雲煙，但是在那個物資缺乏的年代裡，藥品雖然不是那麼先進，但是送藥生的服務，串起了鄉下人情感的交流，解決無數人們的病痛，也帶給那一代人無限的懷念。

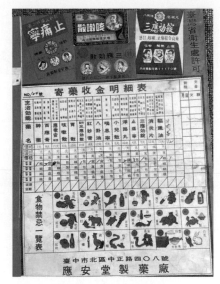

▲ 早年寄藥包服務的明細表。

👣 虎頭山建議行程

通霄鎮綜合活動中心 ▶ 通霄神社 ▶ 虎頭山 ▶ 虎頭
山公園 ▶ 綜合活動中心

距離 1.35 公里，步行時間 30 分鐘。

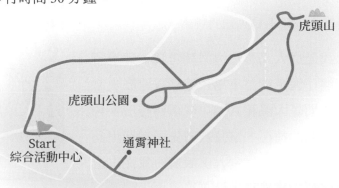

3-3
頭寮山：三井林嵩壽基石的悲喜劇
（1909 年植林界碑）

 歷史故事

走訪桃園市溪州山區的百年古道，不經意發現小山頭上的「林嵩壽山」基石，意外地挖掘出板橋林家再起，以及日本三井集團百年前來臺開發的故事。

　　桃園市溪州山區有幾條古道，包括大艽芎、總督府和石龜坑等，當年都是大溪和百吉之間的越嶺古道。但隨著舊百吉隧道的貫通，這幾條古道都已經失去了交通的功能，不過現在倒成為熱門的登山健行路線。

　　這一天我走訪了這幾條百年古道，就在一座小山頭上發現一顆基石，其中有一面寫著「林嵩壽」，另一面則寫著「三井」，有些山友稱之為「林嵩壽山」，其實這個基石後面竟有一段不為人知的故事。

　　我先從大艽芎古道南端起登，旁邊有一個湳仔溝免費停車場，這條古道歷史悠久，早期是大溪和八結（現稱百吉）、角板山之間的捷徑，當時八結先民常利用此路，來運送農作物到大溪販賣。我從古道爬上溪州山稜線後，沿著稜線再走到頭寮山。頭寮山海拔 493 公尺，舊名為湳仔溝

▲ 頭寮山山頂有顆總督府補圖根點基石。

▲ （左）百吉林蔭步道在百年前是給臺車行走的鐵道。（右）現在則是平緩的柏油步道。

山，山頂有顆總督府補圖根點基石。

　　再從頭寮山循著另一條古道——總督府古道下山，總督府古道也是另一條聯絡大溪和八結之間的舊山路，是大溪前往角板山的必經之路。由於翻山越嶺耗時又耗力，所以 1944 年日本時代便開通隧道，以方便行人及臺車通行，這些舊步道才慢慢失去交通的功能，戰後這個隧道改稱為「百吉隧道」。

　　日本時代從大溪到角板山有鋪設臺車鐵道，臺車又稱輕便車，是以人力推動的交通工具，可以運送茶葉、煤炭和樟腦等貨物，也可以提供載人服務。臺車的運行從 1903 年開始，一直到戰後的 1953 年才結束，總共行駛了半個世紀之久，成為大溪交通的重要動脈，也帶動了大溪的發展。鐵道拆除之後，其路基則成為現在的北橫公路。

　　百吉隧道開通之前，臺車是沿著一條石龜坑古道，用「之」字型的方式翻越溪州山，臺車軌道拆除之後，這條臺車道近年改建為百吉林蔭步道，是坡度平緩的柏油路，成為民眾登山散步的熱門地點。我找到一張 1930 年日本人在鐵道旁的照片，我也找到相同的地點，留下這張百年對照的相片。

1909 年植林界碑

　　在往頭寮山的稜線上發現了數顆基石，這些基石都有一個共同的特色，其一面寫著「林嵩壽」，另一面則寫著「三井」。好奇地上網查詢，都表示該土地屬於板橋林家的三井公司，不過這個說法明顯不對，因為三井公司是日本時代的財團，怎麼會是板橋林家的呢？這真是典型的以訛傳訛，就讓我來揭開這個基石後面所隱藏的故事。

　　故事要從日本剛剛領臺時說起，當時日本政府制訂了〈臺灣及澎湖列島住民退去條規〉，規定 2 年之內，臺灣的住民可以選擇離開臺灣，否則時間到了就自動成為日本的國民。當時的臺灣富豪板橋林家陷入了天人交戰，擔心留在臺灣遭到日本的迫害，最後選擇舉家移居廈門。但是人雖然移居了，龐大的土地和家產都無法帶走，放心不下家業的林家，於是在 1898 年決定指派三房林維德的第三個兒子，當年才 15 歲的林嵩壽從大陸返臺，擔負顧全與復興林家臺灣產業的任務。

　　大人們不願回臺灣，竟然派一個小孩子來管理家業。所以，起初大家普遍都不太看好，而且林嵩壽返回臺灣後，發現林家的土地都被日本政府

▲（左）稜線上的基石一面寫著「林嵩壽」，另一面則寫著「三井」。（右）板橋林家三房林維德的三兒林嵩壽，受命復興林家臺灣產業。

接收了。一時無計可施的林嵩壽只能坐困愁城，不過林家還不是最慘的，更慘的是原本住在山上的原住民們，因為他們的土地代代相傳，根本沒有地契，當時日本政府把沒有地契的土地都強迫占為國有地，讓失去土地的原住民，成為日本領臺的最大受害者。

過了幾年終於有了轉機，由於樟樹林被過度濫墾，日本政府在 1907 年頒布〈臺灣樟樹造林獎勵規則〉，鼓勵廠商和民眾種植樟樹，並規定如果植林成功，還可以獲得該造林地。不過植林的成本並不低，對於當時還不是大財團的林嵩壽來說，是很大的挑戰。不過，年輕的林嵩壽，仍然決定申請在林家原來的土地上造林。另一方面，原住民根本沒有資本可以植林，所以原先屬於原住民的國有地，都交給當時的日本財團——三井合名會社，由財團來投資進行造林。

為了證實我的推論，我找遍了臺灣總督府檔案，終於讓我找到林嵩壽當年申請植林的公文，根據這一份公文，他在 1909 年向臺灣總督府提出申請，地點就在三層庄的頭寮，正好是基石所在的位置，其造林面積為 49 甲 97 厘，植林期限則從 1909 年至 1918 年，共 10 年。

再次檢視這份公文附件的地圖，基石就正位於林嵩壽和三井造林地之間，所以答案揭曉，基石北邊那面寫著「林嵩壽」，就是林家的造林地；

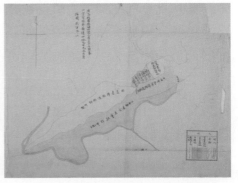

▲ （左）林嵩壽當年申請植林的總督府公文。（右）申請植林公文附件的地圖。

南方那面寫「三井」則是三井的造林地,所以這基石正是造林地的界限,設立的時間點為 1909 年,迄今已有一百多年的歷史。林嵩壽從這個界石當作起始點,經過許多的嘗試與失敗,過了 10 年終於造林成功,也讓林家取回在大溪的土地,站穩了林家在臺復興的第一步。

取回林家田產之後,林嵩壽還計畫將事業擴大到其他領域,於是林嵩壽對於日本政府展現高度善意,這可以從當年《臺灣日日新報》中獲悉,當時臺灣總督兒玉源太郎也身兼日本陸軍大臣,林嵩壽在 1905 年底幫兒玉舉辦的日俄戰爭凱旋歡迎會中,代表本島人宣讀祝辭,證明他已經躍入紅頂商人之列。

同一年,發生梅山大地震,林嵩壽代表林家捐輸經費協助賑災,隔年,又大力出資成立艋舺公學校(現臺北市老松國小),在在顯示他的企圖心,所以也逐漸獲得當局對其事業發展之支持。

林家從山林茶葉及樟腦的開發,先跨足製糖事業的經營,1909 年成立「林本源製糖合名會社」,於溪州成立製糖工廠,隨著林家在臺灣慢慢站穩腳步後,林家的部分成員,也陸續回到臺灣發展,於是林家又在 1918 年拓展煤礦業,在 1919 年成立華南銀行,把林家在臺的事業又重新帶上最高峰,成為當時臺灣的首富。所以,這頭寮山的

▲（上）當年《臺灣日日新報》刊登林嵩壽在臺灣總督兒玉源太郎的歡迎會中發表賀詞。（下）林家成立林本源製糖合名會社,跨足製糖事業。

一顆基石，就好像是林家的復興起點，重建林家富可敵國的一片天。

　　同樣在這片山林造林的三井集團，經過了數年的造林成功後，同樣的也取得大片的土地，以當時的公文為例，1922年「三井合名會社」向總督府取得「預約讓渡許可」，然後經過8年的造林開發後，正式向政府取得「開墾地成功賣渡許可」，這一張薄薄的公文書，221甲的原住民土地，全數悉歸財團所有。

　　三井財團由於資本雄厚，在山區植林的範圍，從桃園溪州山附近一直延伸到新北市三峽地區，取得造林面積高達1242甲。後來，三井將這些原野地開發成茶園，也在角板山、大豹（現今三峽區大板根）等地成立製茶工廠，並創立紅遍世界各地的「日東紅茶」，成為臺灣第一個紅茶的國際品牌，與當時全市界最高級的「立頓紅茶」並駕齊驅。雖然創造了另一種形式的臺灣之光，不過其背後卻是強占了原民的土地，付出大時代經濟發展過程中的慘痛代價。

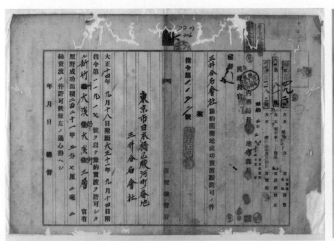

▲（左）薄薄一張公文讓221甲的原住民土地歸財團所有。（右）三井創立紅遍世界各地的「日東紅茶」品牌。

從這一個植林地的界石開始，林家少主經過了多年努力，終於取回了林家在臺灣的家產，甚至跨足茶葉、樟腦、製糖、稻米、煤礦及金融等事業，奪回了臺灣首富的榮銜。同時三井公司也經過成功的植林，豪奪了原民的土地，也一躍成為臺灣最大的財團。而可憐的原住民失去了祖先的土地，只好流離失所，從此成為社會的弱勢族群。這山上的一塊基石，同時夾雜著亦悲亦喜的命運，有一面是標示著少主中興的喜悅，沒想到另一面卻刻劃著原住民失去土地的斑斑血淚。

👣 虎頭山建議行程

大艽芎登山口 ▶ 大艽芎古道 ▶ 三井林嵩壽基石 ▶ 頭寮山 ▶ 總督嶺古道 ▶ 舊百吉隧道口 ▶ 百吉林蔭步道（石龜坑古道）▶ 湳仔溝步道 ▶ 大艽芎登山口

距離 9.81 公里，步行時間 4 小時。

3-4
貴子坑步道：昔日北投的陶瓷風華
（1912 年北投燒）

 歷史故事

貴子坑早期曾經是一個礦場，產出的瓷土還曾經讓北投成為臺灣最有名的陶瓷產地，燒製出精美的「北投燒」和「大屯燒」。

貴子坑步道位於臺北市的北投，其山腳下有一座「水土保持教學園區」，園區內有露營場、大草坪和情人湖，假日總是吸引大批的民眾來遊憩，步道也連帶成為熱門的登山路線。

貴子坑步道的登山口在北投「水土保持教學園區」的停車場，可以停放數十輛汽車，步道的起點則在「水磨坑溪」旁的石階，整條步道都已經鋪上花崗岩，由於最近才剛完成整修，可稱得上是五星級的優質路況。

陡上一百多公尺後，森林逐漸茂盛蓊鬱，有幾處觀景點的視野相當廣闊，經過一處的涼亭和廁所後，在步道右側有一顆精

▲ 貴子坑山腳下有一座水土保持教學園區。

幹點市 272 基石，有些山友稱為貴子坑東峰，海拔 283 公尺。

　　再走二、三百公尺，會遇到步道的打印台，剛好也是一條水圳流經之處，這條水圳從貴子坑溪上游引水到小坪頂灌溉，一般可以直接走這條平緩的圳路步道，但因為我還要登小坪頂山，所以再繼續往上爬，到了海拔 380 公尺左右，會到達一處「下青礜聚落」，大約住了幾十戶人家，這個聚落的歷史非常久遠，甚至可以追溯到清朝乾隆末年，早期先民以農耕和藍染為業，目前還留下不少古厝的遺跡。

　　從聚落走產業道路，再接一段原始的山路，就可以到達小坪頂山，小坪頂山有二顆基石，相距只有 30 公尺左右，一般常以土地調查圖根點為主，海拔為 386 公尺。

▲（左）從貴子坑溪上游引水到小坪頂灌溉的水圳，樹蔭涼爽，可連接平緩的圳路步道。
　（右）小坪頂山。

▲ 在小坪頂山上三慈宮可以遠眺臺北市。

　　從小坪頂山下山，可以到達淡水的小坪頂，過去小坪頂是一個農業區域，但是近年來吸引建商在此開發超高大樓，並以景觀豪宅吸引民眾購買，這些大樓從臺北望去相當突兀，嚴重破壞臺北市北邊的天際線。小坪頂有座三慈宮，廟宇前廣場遠眺臺北市的視野，相當遼闊壯觀。

　　再由小坪頂沿石階梯陡下，可以到達園區的情人湖，風景非常漂亮幽靜，很難想像過去這裡的環境和水土被嚴重破壞，由於貴子坑富含俗稱「白土」的瓷土，很適合作為瓷器的原料，所以早在清朝的時候，當地就有窯業的發展，但也由於被濫採瓷土，並利用溪流掏洗，導致地表被嚴重破壞，溪流也髒亂不堪，所以過去被稱為「鬼仔坑」。

▲ 水土保持教學園區的情人湖，風景漂亮幽靜。

1912 年北投燒

　　北投窯業最早可以追溯到清朝的時候,在「嗄嘮別庄」(今忠義到小坪頂間)附近有兩三家陶瓷業者,燒製一些茶碗等家用器具。但是總體而言,當時的北投的陶瓷業規模還很小,產品較為粗劣,技術也不成熟。

　　北投窯業真正蓬勃發展是在日本時代,那時有一位日本人名叫松本龜太郎,在日本剛領臺的時候,原來擔任臺北縣的稅務課長,也參與了北投溫泉的開發,由於他的夢想是開一家溫泉旅館,於是辭掉公職,1896 年在北投開了一家「松濤園」,是當時北投第二家溫泉旅館,被認為是對北投溫泉開發最有貢獻的人之一。

　　松本只是經營溫泉旅館,又怎麼會和燒製陶瓷扯上關係呢?原來松濤園剛開始營業時,引用溫泉水是用竹子做水管,但是很容易就破損,後來改用水泥管,還是經常發生漏水,當時,有人推薦松本可以採用當地燒製的陶管,沒想到效果竟然非常好,於是松本與北投瓷土燒製品有了第一次的接觸。

▲(左)松濤園是北投第二家溫泉旅館。(右)松本龜太郎被認為是對北投溫泉開發最有貢獻的人之一。

松濤園的生意漸漸進入佳境，也成為北投地區知名的溫泉旅館，松本觀察到客人泡完湯都喜歡買伴手禮，所以他也就賣起了代理的陶瓷器。到了 1911 年 5 月，他認為既然貴子坑也產瓷土，何不試著自己也來燒製看看，於是開設了一家「北投

▲ 這是目前僅存的北投陶器所照片，照片中日式平房是陶器所的販賣部，販賣各式各樣的陶瓷器製品。

陶器所」，並和當時日本京都享有盛名的「粟田燒」師傅——帶山與兵衛商議，由帶山派其兒子來臺建窯，但是並沒有築窯成功，於是帶山親自出馬來臺，經過 103 天的努力，終於燒製成功，成了轟動北投的大新聞。

除了邀請日本極富盛名的陶師帶山與兵衛，松本連帶地找來日本的繪畫師、雕刻師和築窯師，因此北投陶器所燒製出來的陶瓷頗有京都粟田燒的藝術水準，非常受到觀光客的青睞，所生產的茶具、酒器和花器等作品被稱為「北投燒」。松本也被認為是北投燒的創建者，而帶山與兵衛則是真正北投工藝的始祖。

▲ 當時報紙報導松本龜太郎推動北投燒的新聞。

可惜松本龜太郎於 1918 年因病去世，由於他同時是北投溫泉與陶瓷二大特產的開山祖師，對北投的開發貢獻很大，當時各界在北投公園設立紀念碑，紀念他的功績，石碑上的「無住松本君碑」六字由當時臺灣總督明石元二郎親自篆額，可見松本在臺灣的份量。特別值得一提的是，提筆篆額之後沒幾天，明石就染患致命流感，這石碑倒成了明石的絕筆之作。

松本過世之後，「北投陶器所」被素有臺灣「煉瓦王」稱號的事業家後宮信太郎收購，並改組為「北投窯業株式會社」。除了北投燒以外，又增加了瓷磚、耐火磚的產品，到了 1934 年其公司改名「臺灣窯業株式會社」，成為全臺灣最大的瓷磚和耐火磚的製造公司。臺灣許多著名的建築物，包括中山堂、司法院、臺北郵局和總統府的耐火磚都是這家北投公司所生產的。

除了北投燒以外，在 1923 年還有一位賀本庄三郎在貴子坑附近設立「大屯製陶所」，也是採用貴子坑的瓷土，專門生產餐具，雖然這個窯廠不大，但是生產出來的瓷碗十分精緻，很多人都慕名來和他學藝，其作品自成風格，被稱為與北投燒齊名的「大屯燒」，大屯燒存世的作品不多，照片上圖是一個「青花鶴紋碗」，就是大屯燒知名的作品之一。下圖則是北投燒的作品，目前也是極為稀有罕見。

▲（上）大屯燒知名作品「青花鶴紋碗」。（下）北投燒瓷碗。

根據臺灣總督府殖產局 1933 年統計，當年全臺灣的陶瓷器製造業共有 35 家，規模最大的「北投窯業」，以及第二大的「臺灣陶器」都位於北投庄，另外，在鶯歌、內湖和南投也有一些聚落的

發展，但是規模都還比不上北投，由此可見在日本時代，北投確實位居臺灣陶瓷業的龍頭地位。

戰後國民政府接收日本人產業，將北投的窯業併入「臺灣工礦公司」的北投陶瓷廠，北投也出現了更多陶瓷廠商，知名的有金義合瓷器、七星窯業、大裕窯業和中華藝術陶瓷等，將北投

▲ 臺灣工礦北投陶瓷廠的八根大煙囪，是老一輩北投人的共同記憶。

的陶瓷業推向最高峰。而當時在中央北路二段的臺灣工礦北投陶瓷廠，位置在現今國防大學政戰學院對面，偌大的八根大煙囪是老一輩北投人都有的共同記憶。

可惜到了 1969 年，由於貴子坑過度開挖，導致水土保持嚴重遭到破壞，在颱風季節時常造成嚴重的災情，連窯廠也被波及。再加上窯業排放

▲ 環境整治後的貴子坑規劃為景色優美的水土保持教學園區。

的空氣汙染,漸漸引起民眾的關注和抗議,北投的陶瓷產業只好一家一家關廠,員工和技術也擴散至鶯歌、南投和苗栗等各地。雖然北投的窯業逐漸沒落,但也間接協助了臺灣其他陶瓷聚落的發展。最後,曾經輝煌一時的北投陶瓷業終於走入了歷史。

從 1980 年起,臺北市政府大力整治貴子坑溪和水磨坑溪,並且種植樹木讓水土流失的礦場重新綠化,現在貴子坑已經規劃為水土保持教學園區,展現環境整治的成果,假日總是吸引許多民眾來這裡遊憩。

過去北投陶瓷的繁榮,創造一個時代的藝術標竿,甚至妝點了總統府的外牆,但是付出的代價就是鬼影幢幢的髒亂礦區,所幸現在已經變身成為優美的遊憩區,除了緬懷北投帶動那時代的藝術風華外,也希望我們能夠從這堂課中理解到大自然反撲的力量,共同愛護這片美麗的土地。

👣 貴子坑建議行程

水土保持教學園區停車場 ▸ 登山口 ▸ 貴子坑東峰 ▸ 土地公廟 ▸ 打印台 ▸ 下青礜聚落 ▸ 小坪頂山 ▸ 小坪頂 ▸ 貴子坑露營區 ▸ 情人湖 ▸ 停車場

距離 5.05 公里,步行時間 2 小時 30 分。

第四章

日本・大正時期

4-1
竹子尖山：最後一次的武裝抗日事件
（1915 年噍吧哖事件）

 歷史故事

一百多年臺南玉井和楠西發生歷史上規模最大的抗日事件，稱為「噍吧哖事件」，高達數千人因此喪命，周遭村落甚至被滅庄，究竟是什麼樣的時空背景讓噍吧哖事件發生在臺南？

竹子尖山位於臺南楠西區的梅嶺風景區，一月間會開滿漫山遍野的梅花，風景十分優美，以「嶺梅映雪」名列新南瀛八景之一，假日都會吸引許多遊客來此賞景或品嚐當地的特色小吃。

竹子尖山海拔為 1,110 公尺，列為臺灣的小百岳之一，山頂有一顆二等三角點編號 1090 號，基點附近的腹地相當寬闊，視野也極為良好，可以俯瞰嘉南平原的美景，稱得上是一座風景秀麗的山峰。

▲ 山頂有一顆二等三角點編號 1090 號。

車子可以停在梅嶺風景區的二層坪停車場，停車還算方便。早期梅嶺主要作物是香蕉，所以舊名為「香蕉山」，日本時代改種植大量梅樹，成為南臺灣最大的梅樹栽植區，因此改稱梅嶺，而山上路途中即可見有樹齡已高達 120 年的古梅樹。

從二層坪停車場開始步行，會先走一段產業道路，途中經過許多攤販或餐廳，攤販販售各式梅子和農產品，而餐廳則多主打當地特色菜「梅子雞」。再步行約 500 公尺後，即可到達觀音寺，這座寺廟有非常好的視野，號稱是觀賞嘉南平原最佳的地點，我在觀音寺前拍下了雲海繚繞的美景。

接著沿著觀音步道的階梯開始陡升，雖然是上坡路，但一路可以欣賞漂亮的山景，隨著太陽漸漸升起，雲海開始消退，這時觀音寺已經在我的下方，至於遠處則可以很清楚地辨識大凍山和崁頭山等臺南的小百岳。

觀音步道總長大約 1.1 公里，即可以上到竹子尖山稜線。上到稜線後視野更為壯闊，幾乎 360 度都有不錯的風景，如果天氣良好，還可以看到玉山，另外也可以看到曾文水庫和南化水庫的身影。下山則沿著另一條「梅龍步道」走回登山口，路況比觀音步道稍微濕滑一點。

▲（上）竹子尖山可俯瞰嘉南平原，我在觀音寺前拍下了雲海繚繞的美景。（下）雲海消退後，可以清楚地遠望二尖山、大凍山和崁頭山。

1915 年噍吧哖事件

　　時間回推到 1915 年，這一宗抗日事件的事發地「噍吧哖」，就是現在臺南的玉井，得名於當時原住民大武壠族的從屬部落之一——噍吧哖社。當地除了大武壠族外，還有閩南人和客家人雜處，種族之間的衝突較多，民風也較為剽悍，地方廟宇常有所謂的「宋江陣」活動，除了宗教的目的外，其實也有培養地方團練及武力，以保衛村莊的用意，這也是導致事件爆發的潛在因素之一。

　　事件帶頭的主角名叫「余清芳」，1879 年出生於阿猴（今屏東市），小時候在私塾念過幾年書，因為父親去世而家境負擔加重，只好到米店、雜貨店當童工貼補家用，但是他天資聰穎，利用夜間到公學校學習日語，而獲得錄取擔任巡查捕（員警）的公職，不過幾年後因故離職。離職後，余清芳轉而投入宗教活動，並因為過去常遭受日本人的欺凌，開始極力鼓吹抗日的思想，沒想到因此被查獲並管束 2 年，還被刊登在 1911 年的《臺灣日日新報》上。

▲（左）余清芳是噍吧哖抗日事件的帶頭者。（右）玉井製糖所老照片。

當時臺南種植甘蔗的農民很多，在清朝時期，蔗農大多都是自產自銷，不過到了1913年玉井製糖所成立，形成由大商社掌握甘蔗收購和價格制定。而在1913年至1914年之間，臺灣發生了二次嚴重颱風，甘蔗收成不佳，但是米價卻一再飆漲，物價上漲的壓力導致農民生活困頓，於是民間逐漸醞釀不滿氛圍，當時官方卻無計可施，埋下了日後事件發生的導火線。

　　余清芳在出獄之後更為懷恨日本人，他加入臺南廟宇西來庵，以「五福王爺」的名義號召信徒，由於他很有口才和魅力，愈來愈多的信徒願意跟隨他。其中有一位信徒名叫蘇有志，是臺南大目降（今新化）的富商，財產有糖廍十三處，田地、魚塭高達500甲。窮人抗日不稀奇，富商竟然也認同余清芳的反日思想，可見余清芳絕非純粹是神棍之輩。

　　另一個重要人物名叫「江定」，是臺南竹頭崎莊（今南化）人，在地方很有名望，還曾擔任區長的職務，他的形象就好像是電影《教父》裡的馬龍‧白蘭度一樣，充滿領袖魅力和威嚴。江定有一次與人起衝突，不慎殺了人，只好潛入山中逃避追緝，後來有百餘位部下願意跟隨他，就在山區以打游擊的方式抗日。余清芳聽說江定素有豪氣，便找人牽線，二人一拍即合，共謀組織抗日軍。

▲（左）臺南廟宇西來庵。（右）江定具有領袖魅力。

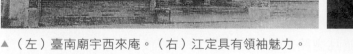

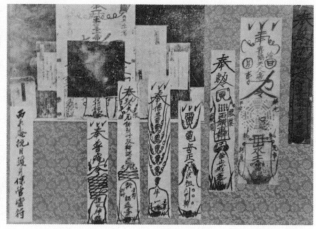

▲（左）精通算命和堪輿的羅俊也加入抗日行列。（右）羅俊的避災符咒用來募資籌措抗日經費。

　　第三位事件的主導者名叫「羅俊」，嘉義他里霧（今雲林斗南）人，曾擔任過私塾教師，並精通算命和堪輿之術，日本時代也曾經擔任公職，但一樣是因故離職。離職後，因為對政府不滿而開始抗日，被通緝之後潛逃中國廈門。聽到余清芳的事蹟後，主動潛返臺灣加入行列，聲稱他有畫符念咒之能，可以用來對抗日軍，另外也以在中國的經驗，大肆渲染中國軍隊也會來臺一起響應起事。

　　行文至此，幾位主角均已經登場，發生事件的背景也略有敘述。特別的是，主事者多擔任過公職，甚至還有富商和教師等社會地位較高的職業，反映出當時對政府不滿的情緒不只瀰漫在農民之間，還擴及臺籍精英階層。余清芳聲稱他受到神明的指示，未來將會擔任臺灣人的皇帝，日本領臺滿二十年就是氣數已盡之時。聽起來雖有點荒誕，當時正逢全臺瀰漫黑死病大疫情，追隨的信徒們依照余清芳的指示，竟然都很神奇地一切平安，再加上余清芳預言旱災，也都完全命中，於是信徒愈來愈信任他。

　　為了籌措經費並且攏絡人心，余清芳聲稱羅俊的符咒具有避災的作

用，只要捐獻財物就可以獲得靈咒，許多信徒竟然都樂於購買。俗話說：「紙包不住火」，隨著愈來愈多人都參與其中，不免開始有些消息走漏。起初，是臺中廳的一位員警，打聽到「盛傳中國軍將要攻打臺灣」的情報，機警地提報給上級，當局也很慎重地展開調查，並掌握了幾位可疑的中國人。

日本當局攔截這些可疑人士的信件，意外發現了這個密謀反日的組織，即刻下令展開逮捕的行動，羅俊和蘇有志首先走避不及被逮捕，余清芳獲知消息走漏後，趕緊潛逃到山中與江定會合，二人決定與其坐以待斃，不如直接起事一拚，於是在 1915 年 7 月 6 日，集結超過千名義勇軍，發表了「大明慈悲國」的示諭，宣布正式起事。

抗日軍兵分二路，攻擊阿猴廳和臺南廳的各個派出所，包括甲仙埔支廳（今甲仙）、河表湖派出所（今三民）、蚊仔只駐在所（今三民）、小林派出所（今小林村）、阿里關派出所（今甲仙）、十張犁派出所（今高雄杉林）及南庄派出所等處，所到之處均每戰必捷，而且不論日警或是家眷，均一律不留活口。像是南庄派出所，被余清芳採取火攻策略而燒成一片灰燼。

▲（上）「大明慈悲國」的示諭，宣告起義抗日。（下）遭遇抗日軍火攻而被燒成灰燼的南庄派出所。

日本政府眼看警察無法抵擋義軍攻勢，趕緊調派步兵第二聯隊（駐在今成大光復校區）趕赴支援，與義勇軍展開大決戰，因日軍擁有山砲裝備，遠程砲火攻勢猛烈，義軍僅靠刀械抵擋不住，於是

戰況發生逆轉，義軍只好退至深山裡繼續頑抗。但日軍也還無法緝獲余清芳，於是心生一計，買通鄉民設宴款待義勇軍，待酒酣耳熱之際，將余清芳綁縛送交日軍。

余清芳被捕後，義勇軍終告土崩瓦解，事後遭逮捕的人數約有 2,000 人，經判處死刑者包括首謀余清芳、羅俊和江定等，合計高達 866 人之多，卻意外引起日本國內輿論的質疑，臺灣總督「安東貞美」只好藉口大正天皇即位，將大約四分之三的死刑犯改判為無期徒刑。

因為部分村民同情義軍，曾提供飲水和食物。事件結束後，日警因同僚慘被殺害，而展開對附近村莊的大報復，包括楠西、玉井、甲仙和竹頭崎等村莊居民均遭屠殺。雖然沒有文獻留下多少人喪命的紀錄，但依據事後戶政調查，至少有 2,000 人以上遭殺害，附近有很多地名叫「殺人埔」、「萬人堆」等，均為當年血腥的屠殺事件埋屍地點。

噍吧哖事件影響非常深遠，不但是死亡人數最多的抗日事件，而且也是臺人最後一次依靠武力的抗日，自此之後，臺人體會武裝抗日不可行，而轉為體制內爭取民主與自治。在玉井虎頭山的最後決戰地點，余清芳的紀念碑高高的矗立著，標記在一百多年前的這裡，幾位臺籍的精英帶領著一群農民，拚死著打一場注定失敗的戰爭。

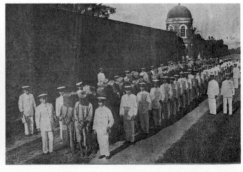

▲（左）余清芳等人被捕後，在臺南車站前被押解示眾。（右）當時嫌犯頭戴竹簍出庭接受審判的情形，地點在當年的臺南監獄，現在已改建為大億麗緻酒店。

我走訪了當時玉井糖廠所在地,目前已經改建為「噍吧哖事件紀念館」,以悼念這起悲劇事件,有人會認為這起事件是以宗教蠱惑人心,但我覺得這過於簡化問題,如果農民有好日子過,何苦拚死要和當權者對抗?其實這樣的衝突沒有人是贏家,不僅是玉井的農民,連日警和其眷屬也都傷亡慘重,雙方都是時代的犧牲者。期待當政者能夠苦民所苦,人民也能安居樂業,這族群衝突的悲劇,永遠不要在這一塊土地上再發生。

▲(左)虎頭山上的抗日烈士余清芳紀念碑。(右)玉井糖廠已改建為「噍吧哖事件紀念館」。

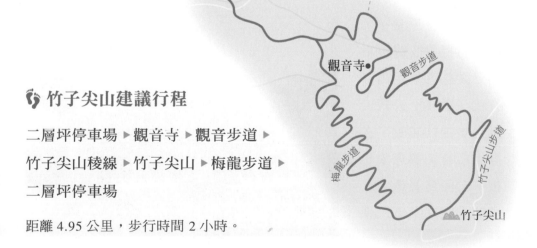

🐾 竹子尖山建議行程

二層坪停車場 ▶ 觀音寺 ▶ 觀音步道 ▶
竹子尖山稜線 ▶ 竹子尖山 ▶ 梅龍步道 ▶
二層坪停車場

距離 4.95 公里,步行時間 2 小時。

4-2
虎山峰：臺北市史上最大的煤礦產地
（1921 年許金定開採松山煤礦）

 歷史故事

虎山可以說是松山區的家山。在日本時代被發現盛產煤礦，以品質優良的「松山碳」而聞名，甚至還運送燃煤到山下的電廠，供應全臺北市所需的電力，所以說虎山曾是臺北城的能源心臟也不為過。

虎山步道位於臺北市松山區，屬於臺北市城東南港山系的淺山。又以「四獸山」──象、獅、虎和豹四座郊山之一而聞名。四獸山之中只有象山和虎山有完整的步道，而虎山不如象山那麼喧鬧，是一條輕鬆而幽靜的親山路線。

虎山步道登山口在松山「慈惠堂」，廟方有提供收費停車場，從慈惠堂走馬路往山下約 100 公尺，就是步道的起點，在登山口有一個意象看板，上面寫著偌大紅色的「四獸山市民森林」。

▲ 虎山步道的登山口在松山的慈惠堂。

▲ 虎山步道起點剛好與虎山溪並行，經市政府整治後成為親水公園。

　　虎山步道又稱為「虎山溪步道」，因為步道起點剛好與虎山溪並行，過去因為山上盛產煤礦，任意堆置礦渣導致溪流遭到嚴重破壞，後來經過市政府整治後成為親水公園，連橋梁與涼亭的建築都很有古趣，已經慢慢復育了虎山溪的生態。

　　虎山步道大多已鋪上花崗岩，部分則是建置木棧道，路況非常平易近人，虎山也是廟宇密集度很高的一座郊山，我沿著步道經過了南天宮、真光禪寺、慈天宮、忠義宮和朝玄宮，然後抵達知名的瑤池宮。

豹山峰就在瑤池宮對面 100 公尺處。豹山海拔 142 公尺，有一顆北市 319 號精幹點，並立有一根豹山峰的木柱。

　　虎山距離豹山僅有約 300 公尺，其海拔同樣是 142 公尺，山上無基石，但有一座觀景平台，視野非常遼闊，可以俯瞰 101 以及信義區的景色，也立有一根虎山峰的木柱。再沿著虎山峰稜線下山，一路上的景觀都很秀麗，特別其中有一處巨岩觀景點，視野極為廣闊，坐在這裡小憩一下，一邊欣賞臺北市的景色，陣陣清風吹來，心情感覺十分愉悅舒暢，步道下山到達另一個松山知名廟宇「奉天宮」，再走馬路回到慈惠堂取車。

　　在瑤池宮旁邊有一個「松山一坑」礦坑口，坑口立有一個說明看板，說明過去四獸山蘊藏豐富的煤礦，並以「松山碳」而聞名全臺。第二世界大戰前，松山的煤礦業發展至巔峰，由地方仕紳——許金定家族經營，一直到 1982 年才收坑。原來不只是基隆、平溪等地，臺北市也有生產煤礦，今天就來和大家分享這松山地區過往的發展歷史。

▲（左、中）虎山和豹山距離約 300 公尺，同樣海拔 142 公尺，都可俯瞰 101 以及信義區的景色。（右）瑤池宮旁邊有個昔日「松山一坑」的礦坑口，印證過去四獸山蘊藏豐富的煤礦，並以「松山碳」聞名。

1921 年許金定開採松山煤礦

　　早期松山地區是平埔族之一的凱達格蘭族的祖居地，從 1654 年荷蘭人所繪製的《大臺北古地圖》上，可以看到這些曾經居住在基隆河畔的聚落，依據中研院臺灣史研究所專任研究員翁佳音的研究，當時聚落有麻里錫口社（饒河夜市附近）、里族社（舊宗里附近）和塔塔悠社（塔悠路附近）等。當時西班牙文獻也有紀錄，因為基隆河畔容易淹水，平埔人的房舍主要在山上，推估應該就是現在的虎山，這些平埔族人主要依賴捕魚、獵鹿和農耕維生。

　　大約乾隆年間，漢人開始入墾松山地區，在基隆河南岸逐漸建立街肆，並以原來凱達格蘭族的社名「錫口」當作是街名，錫口在族語是河流彎曲處的意思，因為具有基隆河運之利，又位於臺北和基隆的中間點，所以當時雲集各式商店、旅館、茶樓、賭場甚至風月場所等，帶動錫口街快速地發展，並以當地信仰中心──松山慈祐宮逐漸向外擴展，因而獲得「小蘇州」的稱號。

▲ 錫口街舊照，正好可以看到基隆河的轉彎處，河畔還有船隻停泊。

除了商業發展以外，松山曾經是臺北市的糧倉之一。漳州人郭錫瑠在 1762 年完成開通「瑠公圳」，從新店溪取水灌溉大臺北地區，其中也有一條分支流經錫口的

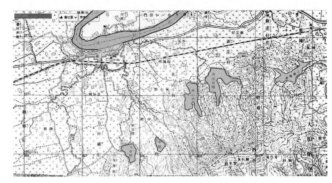

▲ 1904 年的臺灣堡圖上可見當時松山區的埤塘。

農田，並且在附近形成多個灌溉用的埤塘，包括永春陂、中陂、後山陂等，從 1904 年的臺灣堡圖中就可以看出，這些埤塘灌溉了錫口廣大的稻田，甚至還成為了地方的庄名，可惜近代隨著農業的式微，這些埤塘已經逐漸縮小，部分還被填平而消失，其中中陂位置在虎山山腳下，目前已經改建為瑠公國中，以紀念郭錫瑠的貢獻，另外永春陂則被開發為永春陂生態濕地公園。

▲ 清代時劉銘傳興建的鐵路，尚使用蒸氣火車頭。

錫口街因位於基隆河畔，初期依靠船運而繁榮發展，當時甚至比剛崛起的大稻埕更為熱鬧，不過隨著河道淤淺，錫口一度漸趨衰退，所幸清末劉銘傳興建基隆到臺北的鐵路，也經過錫口街，讓錫口的發展有了轉機，才又恢復了昔日的盛況。後來在日本時代，由於「錫口」二字在日文中有不雅的意思，又當時的官員認為錫口和日本四國的松山很像，故於1920年更名為「松山」。

松山的工業發展則從日本時代開始，起初是四獸山被發現蘊藏豐富的煤礦，故吸引許多人申請來此開礦，其中絕大多數是日本人，只有一位是臺籍人士——陳能記，他的背景非常特別，原來是新店人，跟著馬偕博士學習醫術，後來受到馬偕博士的影響，進而受洗而成為基督教徒，並且被派到錫口擔任傳教士。陳能記在錫口傳教期間，幫民眾種痘防疫，還免費幫助窮人看病，受到庄民普遍的愛戴。他不但為人慈悲，也頗有商業頭腦，1897年向日本人買下三張犁的礦區，經過數年的經營，最後竟成為錫口的第一鉅富。

陳能記起初只是一個平凡的基督教傳教士，竟然可以在那個年代成為鉅富，是松山地區的一大傳奇故事，1918年6月18日陳能記病故，《臺灣日日新報》還報導及推崇其生平事蹟，後來他的長子——陳復禮繼續陳家的煤炭事業，曾經捐贈成立松山圖書館、改建松山長老教會、並且擔任松山庄長。陳家連著二代都是松山地區的首富，但還一直致力於地方公益，讓陳家在松山的聲望持續不墜。

接下來我就要來談另一個重要的松山礦坑的經營者許金定，人稱錫口礦業大王。

許金定小陳復禮18歲，出生於赤貧家庭，年輕時的許金定只是一個搬貨工人。據地方傳說，許金定非常嗜賭，導致家裡經常無米可炊，有一年除夕，他老婆到市場勉強賒了一塊肉準備過年，沒想到當天債主上門，

在要不到債的情況下，就直接把那塊肉帶走，夫妻兩人只能抱頭痛哭，許金定向妻子發誓必定痛改前非。沒想到經過這一事件的刺激，許金定努力工作，最後竟然取代陳家成為松山的第一富豪。

1920 年，日本財團——臺灣炭業挾著雄厚資本，將松山的煤礦全部併購。隔年奮發圖強的許金定 23 歲時，不甘只做一個工人，邀請他的堂兄向財團分包一部分礦坑來開採，堂兄負責礦坑事務，許金定則負責行銷和財務，二兄弟分工合作無間，經過數年經營生意愈做愈大，最後竟把松山一坑、二坑和三坑全部包採下來，礦工人數最多時超過 500 人，當時產量在全臺灣僅次於李建興的瑞三煤礦、石碇顏欽賢的台陽煤礦以及土城的海山煤礦，同時也成為全臺北市產量最大的礦坑。

1927 年台電會社（台電前身）為了解決臺北州缺電問題，決定在松山設立一座火力發電廠，稱為「松山火力發電所」（位於今撫遠街）。當時因為考量松山盛產煤礦，燃料取得較為方便，因此在松山煤礦和電廠之間，鋪設一條煤礦運輸台車鐵道，由松山煤礦將燃煤運到電廠。也由於有了這座電廠的燃煤需求，讓許金定的煤礦事業更為蓬勃發展，而松山碳也源源不斷地送往電廠，發電點亮全臺北州夜晚的電燈。

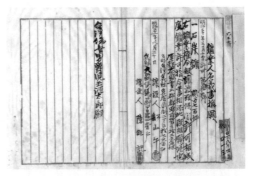

▲（上）陳能記向日本人買下三張犁礦區的讓渡公文。（下）許金定取得松山煤礦的許可公文。

許金定沒有兒子，只育有二位女兒，長女許招治剛從第三高女（現中山女高）畢業後，邂逅了一位來松山街看診的年輕醫師——曾以標，並在1934年以19歲之齡就下嫁給他。出生於臺中霧峰貧窮家庭的曾以標，臺中一中畢業後以優異成績保送「臺北醫學專門學校」（臺大醫學院前身），這松山第一鉅富千金下嫁中部窮醫師，當時可是轟動松山的大新聞，沒想到結婚才三年，生育一男一女後，許招治竟不知何故服毒自殺而亡。

　　我找到了《臺灣日日新報》1938年7月17日的新聞，當時記者曾探訪緣由，竟報導是因許家新建豪宅過去曾有人自殺，所以遭到了詛咒的緣故。以現在的觀點來看，許招治應該是產後憂鬱症所致，不過當時醫學知識不足，導致這起許家千金的自殺懸案，引起社會大眾很大的震撼和議論。

　　不論如何，許金定仍十分信任這位女婿，甚至將整個松山煤礦事業，交給曾以標經營，曾以標也沒有辜負岳父期待，放棄行醫的人生，戰後仍把松山維持為臺北市第一大煤礦，一直到1982年收坑為止，四獸山的煤礦才走入歷史。

▲（左）當年的松山火力發電所位於現在的撫遠街。（右）許金定女兒服毒自殺在當時是大新聞。

靠著基隆河與鐵路的交通便利，松山成為重要的中繼站，帶動了臺北的商業繁榮，又靠著瑠公圳的灌溉，讓松山栽種的稻米也養育了無數的臺北人。在虎山上的松山煤礦，更曾供應了全臺北市所需的電力。

我站在虎山峰的觀景臺，看著臺北 101 和繁華的市區，祈禱這曾是臺北市能源心臟的虎山，能夠福虎生風，繼續點亮臺北人光明的未來，也能夠如虎添翼，帶動臺灣的發展飛躍千百年。

▲ 虎山峰的觀景遠眺信義區的市景。

👣 虎山峰建議行程

松山慈惠堂 ▸ 虎山溪步道登山口 ▸
南天宮 ▸ 真光禪寺 ▸ 慈天宮 ▸ 忠義
宮 ▸ 朝玄宮 ▸ 瑤池宮 ▸ 松山一坑 ▸
豹山 ▸ 虎山 ▸ 120 高地 ▸ 松山奉天宮
▸ 松山慈惠堂

距離 4.2 公里，步行時間 1 小時 50 分。

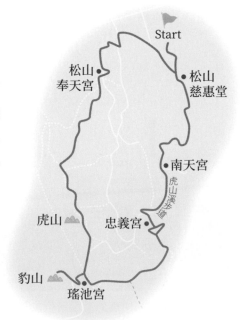

4-3
竹子湖：臺灣蓬萊米誕生之地
（1921 年蓬萊米栽種成功）

 歷史故事

你可知道過去竹子湖種植稻米，甚至還成功種出臺灣「蓬萊米」？
而臺灣人愛吃的蓬萊米其實是外國品種？

　　以美麗的海芋田聞名的竹子湖，是陽明山知名景點。從北投登上中正山，再沿山徑造訪竹子湖，沿路欣賞壯麗怡人的山林風光，順便聽我講述臺灣蓬萊米的故事，認識這個孕育臺灣米的勝地。

▲ 攀登中正山，可以從北投區登山路 143 號立祥商店旁邊的巷子進入。

中正山的主要登山口有四個，我選擇從北投區登山路 143 號起登，就從立祥商店旁邊的巷子進入。這裡舊地名又稱為「十八份」，因為在清朝拓墾時，其合資開墾股份共分為十八份而得名。如果是開車上山，可將車子停在登山路旁的白線上。

中正山步道一開始就是陡上的山路，不過全程都已經鋪設石階，路況大致都很完善，兩旁的樹木也相當茂密，從十八份登山口登上中正山，大概有 1.5 公里左右，不過要陡升三百多公尺的高度。

過去山上曾經種植大量的相思樹，因為相思樹幹非常堅硬。很適合作為木炭材料，所以當地先民使用的木炭，絕大部分是所謂的「相思炭」。因此中正山早期製炭產業甚為發達，在步道途中可以看到北投地區僅存的百年木炭窯，經過市政府整修後，開放給登山民眾參觀。

中正山舊名為「彌陀山」，或又稱為「十八份山」，海拔 646 公尺，有一顆土地調查圖根點和一顆北市編號 10 的三角點，山頂蓋了一座三層樓的觀景臺，觀景臺的視野十分廣闊，觀景臺往西邊可以遠眺八里的觀音山，山腳下透迤的淡水河流經臺北盆地，從河口流向大海，另外一個角度則可以看到大屯山、七星山和紗帽山等，滿山的綠痕映入眼簾，整個臺北盆地也是一覽無遺。

▲ 中正山觀景臺旁有一顆土地調查圖根點和一顆北市編號 10 的三角點。

中正山頂再往竹子湖路的第一登山口前進，途中行經大屯山南峰的指標後，選擇左轉進入叉路，先陡上一段原始山路，再經過一片難行的芒草，到達海拔 876 公尺的小屯山，然後接上一段茂密的森林山路，即可到達第一登山口。

在竹子湖路的第一登山口馬路對面，是頂湖山（或稱泉源山）登山口，走回十八份，形成一個 O 形，這一條完全鋪設石階的路徑，也歸屬中正山步道的分支，一路上有很多古蹟，包括廢棄石屋、駁坎和百年石棚土地公等，經我對照 1904 年臺灣堡圖，確認這是一條百年古道，或可稱為「十八份古道」。

▲ 山頂觀景臺遠眺八里觀音山與山腳下淡水河流向大海，風景令人心曠神怡。

1921年蓬萊米栽種成功

竹子湖是位於大屯山、小觀音山和七星山中間的谷地，遠古時代曾經是一個堰塞湖，因湖水退去後遍植竹林而得名。目前竹子湖已規劃為休閒農業區，以美麗的海芋田馳名。但你可能不知道，其實竹子

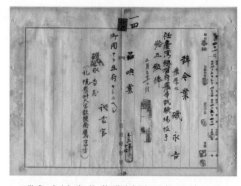

▲ 磯永吉被臺北農業試驗場任用的公文。

湖以前是飄滿稻香的農田？而且還培育出我們常吃的「蓬萊米」？且讓我來告訴你這個臺灣米的故事。

這個故事要從 1912 年說起，有一位日本年輕人名叫磯永吉，剛從日本東北帝國大學農科分校（今北海道大學）畢業後，就被派到臺灣工作，任職於臺北農業試驗場擔任技手，那時候臺灣種的米是從中國所引進的品種，稱為「在來米」，由於較不具黏性，口感較差，所以日本領臺初期想引進日本米在臺栽種，但是因為臺灣溫度較日本高，所以一直無法栽種成功。

▲ （左）末永仁於《臺灣農事報》發表稻作改良作法的文章。（右）當年的竹子湖種稻的梯田。

▲ 右方白衣坐者為磯永吉、左方黑衣坐者為末永仁。

　　磯永吉的工作就是負責研究稻米的改良，有一天他在閱讀《臺灣農事報》時，讀到一篇有關稻作改良作法的文章，作者是一位嘉義農業試驗所的技手末永仁，讀完後磯永吉覺得非常欣賞這位年輕人，於是想辦法將他延攬過來一起共事，二人志趣相投所以一拍即合，就共同攜手進行稻米的研發和改良。

　　當時口感較佳的日本米，因為氣候關係一直無法在臺灣種植成功，到了 1921 年，在臺北州擔任農務主任的平澤龜一郎發現海拔六百多公尺的竹子湖，氣候很類似日本的九州，便推薦給磯永吉試著種植看看，沒想到在運用末永仁所發明的稻作方法下，竟然就在竹子湖栽種成功臺灣的第一株日本米。

　　日本米種植成功後，在臺灣獲得很大的轟動，也受到臺灣總督府的高度肯定，於是 1926 年 5 月在臺灣鐵道飯店舉辦的「第 19 回大日本米穀大會」中，由當時的臺灣總督伊澤多喜男正式命名為「蓬萊米」，取其生長自號稱「蓬萊仙島」的臺灣之意，臺灣鐵道

▲ 當時臺灣總督伊澤多喜男命名「蓬萊米」的新聞。

飯店是當時臺灣最高級的飯店，戰時被空襲炸毀，戰後改建為臺北車站前的希爾頓大飯店。

在竹子湖栽種蓬萊米成功後，磯永吉還想要進一步推廣到平地，但還是無法獲得很好的效果，於是他們繼續將日本米進行配種實驗，前後嘗試超過三百多稻種，終於運用「神力」與「龜治」二種日本米雜交後，獲得可以抗「稻熱病」的稻種。

新的稻種雖然抗病，但是一年還是只能收穫一次，導致產能仍然有限，有一年末永仁在臺中農場育種稻苗，附近農田剛好也在栽種山地原住民的「陸稻」，花粉不慎飄到育種田上，「玷汙」了正在育種的稻作，沒想到這個被汙染的品種，竟然解決了十幾年無解的問題，成為有史以來最佳的蓬萊米，不但具有抗病力，而且一年可以收穫二次。

源自於意外的「日原雜交」而誕生有史以來最佳品種的蓬萊米，在1929 年正式命名為「臺中 65 號」，並且立刻受到農民和民眾廣泛的好評，

▲（左）當時臺中州的海報用以向農民宣導栽種新的優良稻種。（右）有「臺灣蓬萊米之父」之稱的磯永吉。

全臺灣農民紛紛改種，以 1934 年為例，有高達 75 萬噸的蓬萊米高價賣往日本，農民也因此變得富裕起來。一直到現代的臺灣米，也幾乎都是臺中 65 號的後代，可見這個劃時代品種的優良。

二戰之後，磯永吉因為對臺灣的農業貢獻卓著，是極少數還被臺灣政府留下來的日本人，他繼續在臺灣大學做研究並且作育英才，培育無數臺灣的農業專家，一直到 1957 年才以 71 歲高齡退休，當時臺灣農業界與相關各政商團體還在臺北市中山堂，為他舉辦盛大的歡送會，感謝他用 47 年的時間，貢獻在臺灣的這塊土地上，孕育出可口並且高價值的稻米。

磯永吉在臺灣大學農學院的研究室，現在還靜靜地屹立在校園中一個恬靜角落，這一棟臺大農場旁的日式平房，被暱稱為「磯小屋」，就是當年他的「種子實驗室」。磯永吉退休後又給其學生繼續使用，但是他的研究文件、手稿和實驗紀錄等，竟然是在 2003 年才在磯小屋暗房內被發現，目前均已經被特別珍藏起來，磯小屋也被臺北市指定為古蹟，予以妥善保存。

退休回到日本後，磯永吉都還一直吃著他育種的米，臺灣省議會為了感念他，決議每年寄送 1200 公斤蓬萊米到他日本老家，直到 1972 年他過世為止。常有人說：「我是吃臺灣米、喝臺灣水長大的臺灣人」，如果以這樣的定義，花大半輩子都貢獻在臺灣，更吃了一輩子臺灣米的磯永吉，應該更可以稱得上一個正港的臺灣人吧？

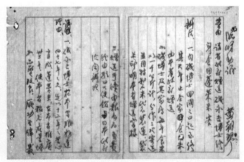

▲ 省議會決議寄送蓬萊米給磯永吉的公文。

▲ 磯永吉在臺灣大學農學院的「磯小屋」研究室。

小屯山

頂湖山

中正山

Start

👣 竹子湖建議行程

登山路立祥商店 ▶ 十八份登山口 ▶
百年木炭窯 ▶ 中正山 ▶ 小屯山 ▶ 竹
子湖路第一登山口 ▶ 十八份古道 ▶
百年石棚土地公 ▶ 十八份登山口

距離 6.53 公里，步行時間 3 小時 10 分。

4-4

大塔山：找尋臺灣雲豹的蹤跡

（1923 年大塔山捕獲雲豹）

 歷史故事

大塔山在日本時代是臺灣雲豹的棲息地，不過到底山林裡是不是還有臺灣雲豹存活著？至今是保育界最大的謎團之一。

位於嘉義的大塔山，是阿里山脈的最高峰，同時也是原住民鄒族人的聖山。

過去，鄒族人代代相傳——相信善良的人死後，靈魂會回歸到大塔山，至於惡人則會魂歸小塔山。同時，大塔山還曾是「臺灣雲豹」的棲息地，這種稀有動物雖已經在臺灣消失了近 40 年，卻仍沒有被宣告滅絕。

如今，大塔山已規劃有完善的登山步道，風景也極為壯觀秀麗。而我要登上大塔山，試著找尋臺灣雲豹的蹤跡。

大塔山位在阿里山國家風景區內，位於嘉義縣的東部。阿里山國家風景區中最

▲ 阿里山鐵路的沼平線。

著名的就是阿里山森林鐵路，其前身是 1906 年開始建設的「阿里山林業鐵路」，是日本時代為了開發森林資源所鋪設。當時，除了從嘉義市通往阿里山的主線外，另鋪設有神木線、沼平線和祝山線等數條支線，屬於國家級的重要文化景觀。

攀登大塔山的起點在沼平車站，若從阿里山車站步行到沼平車站約 30 分鐘，也可以考慮搭乘沼平線火車，單程車資為 100 元。不過，阿里山森林鐵路受到九二一地震和多次風災破壞，導致部分支線嚴重毀損而停駛。如果能有機會搭乘一下碩果僅存的百年森林鐵道，應該是一種特別的經驗。

▼ 從日本時代為開發林業建造的阿里山森林鐵路。

▲（左）傾倒的千年紅檜又長出新的紅檜木，形成特殊的二代木。（右）穿梭在杉木和紅檜林交錯的大塔山步道，充分享受芬多精的洗禮。

　　從沼平車站先沿著鐵道旁登山步道而行，約走一公里多，過了祝山線的叉路口後，再由大塔山登山口啟登，步道全程為 1.7 公里，大約要上升 3 百多公尺，不過邊走邊欣賞杉木和紅檜林的雅靜，倒也忘卻了登山的疲累，山徑是以木棧道布建並輔以鋪設碎石，走起來相當舒適。

　　途中有一個「二代木」的景點，橫躺的樹幹是樹齡大約 1,000 年的紅檜，因為死亡而倒伏在地上，之後大約又過了二、三百年，有紅檜的種子飄落在老紅檜的殘幹上，正好利用其養分而長成新一代紅檜木，形成很特殊的二代傳承檜木。

　　大塔山海拔 2,663 公尺，同時也是小百岳中的最高峰，有著 360 度的極佳視野，可惜今天雲霧繚繞而展望不佳。

1923 年大塔山捕獲雲豹

臺灣博物館內有一具雲豹的標本，正是 1923 年於大塔山捕獲的。在日本時代，大塔山是臺灣雲豹的棲息地。不過，至今山林裡到底是不是還有臺灣雲豹存活著？始終還是保育界最大的謎團之一。這一節我們就來聊聊臺灣雲豹的歷史。

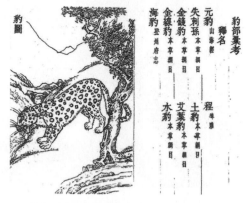

▲《本草綱目》介紹金錢豹與艾葉豹。

早在 1772 年，有一位清朝的官員名叫朱景英，被派到臺灣擔任理番同知，前後歷經 3 年，他的足跡踏遍臺灣各地，並將見聞寫成《海東札記》一書，書中有記載：「艾葉豹，斑駁可觀，製裘者重直購之，然亦粗重不堪曳婁」，這是文獻上對於臺灣有一種豹的最早記載。

究竟什麼是艾葉豹？根據 1578 年的《本草綱目》記載，「其紋如錢者，曰金錢豹，宜為裘。如艾葉者，曰艾葉豹，次之。」其中金錢豹就是現今的花豹，至於朱景英記載臺灣艾葉豹又到底是什麼生物？據推測很有可能就是臺灣雲豹。

追溯臺灣雲豹最早的正式科學紀錄，不得不提到一位英國的外交官，名字叫做斯文豪。他曾被派駐擔任打狗（今高雄）領事，臺灣任職的期間，他調查了臺灣的自然生態，並在許多學術期刊中發表文章，其中以鳥類研究最為突出。目前臺灣已知鳥類的三分之一，還有臺灣黑熊、臺灣雲豹等哺乳類，都是由他首先進行科學記錄。

臺灣雲豹第一次被列入科學文獻記載，是在 1862 年的《倫敦動物學會集刊》上，斯文豪發表一篇〈福爾摩沙島上的哺乳動物〉的文章，文中

描述臺灣雲豹皮毛常被原住民拿來與漢人交易，斯文豪雖只有看過其皮毛，但他認為由於臺灣雲豹的尾巴較短，應該可以視為是新的物種。

　　斯文豪的另外一篇論文，隨後於 1870 年發表在同一期刊，這篇文章斯文豪修正他的之前的觀點，他從頭骨和標本中判斷，改宣稱臺灣雲豹是一種雲豹的亞種，公獸的身長 71 公分，尾巴長則為 58 公分，皮毛為暗黃色帶著黑色的斑點，另外也提到母的臺灣雲豹皮毛色彩較淡，至於幼獸則長滿毛茸茸的細毛。

　　到了日本時代，臺灣雲豹仍舊活躍在森林中，但是被改稱為「高砂豹」。當時有位博物學家名叫鹿野忠雄，是位自高中時期就很有名的天才動物學家。1925 年，他曾來臺就讀高中，並於 1934 年獲臺灣總督府邀請擔任研究員，曾經提出臺灣高山冰河的理論，震驚了當年的日本學術界。

▲（左）熱愛臺灣生態研究的英國外交官斯文豪。（右）1862 年大英博物館的專家依據斯文豪的毛皮和敘述，所畫出臺灣雲豹的圖像。

另外他在昆蟲、動物和原住民族等領域，也有很深入的研究成果，也發表過不少臺灣雲豹的論文。

根據鹿野忠雄的研究指出，臺灣雲豹全島均有分布，但是以南部和東部較多，喜歡捕食臺灣獼猴，個體身長可達 1.8 公尺。此外原住民把臺灣雲豹的皮毛視為尊貴的象徵，只有頭目可以穿在身上。

1932 日本動物學者高島春雄也發表了一篇文章，文中刊載了二張雲豹的照片，一張是在埔里捕獲雲豹的照片，另一張則是在 1923 年在阿里山大塔山區捕殺後，做成標本的照片，該標本後來也送至臺灣博物館收藏。

1937 年，花蓮瑞穗嘉羅蘭山區捕獲 3 歲的臺灣雲豹雄豹和雌豹各一頭，臺北圓山動物園獲知消息後協調購進，成為圓山動物園的鎮山之寶。由於這是第一次由動物園豢養臺灣雲豹，成為當時臺灣轟動的大新聞，因

▲（左）日本博物學家鹿野忠雄。（右）鹿野忠雄的論文〈臺灣產哺乳類的分佈及習性〉，發表在 1930 年《動物學雜誌》中。

而吸引大批的遊客前往參觀。在 1938 年的《旅行與運輸》雜誌上，刊載臺北圓山動物園的介紹，其中臺灣雲豹（高砂豹）和帝雉都列為臺灣特有珍稀動物。

由於生長的棲地受到破壞，再加上人類的獵捕，臺灣雲豹的數量愈來愈少，最後一次野外雲豹的紀錄出現在 1983 年，當時在一個南大武山原住民的陷阱中發現了一隻已死亡的幼豹。雖然，2000 年圓山動物園曾經擁有一隻雌豹「雲新」，但那是由東南亞走私並遭海關沒收的雲豹，並非真正臺灣雲豹，雲新也已經在 2018 年壽終正寢。

從 2001 年開始，屏東科技大學和農委會，在南部的大武山和中部的山區，裝設了 600 個以上的自動照相機，經過 13 年的拍攝追蹤，卻始終不見雲豹的蹤影，於是參與研究的專家學者在 2014 年宣布臺灣雲豹已經滅絕。不過，農委會還是將其納入第一級瀕臨絕種動物，充分反映臺灣各界捨不得將臺灣雲豹除名，深切期待臺灣雲豹還未真正滅絕。

▲（上）高島的文章〈臺灣 Felidae 的和名に就いて〉（關於臺灣產貓科動物的日文名稱）。

▼（下）《旅行與運輸》雜誌曾刊載臺北圓山動物園介紹，其中臺灣雲豹（高砂豹）和帝雉都列為臺灣特有珍稀動物。

2018 年 6 月臺東縣阿塱壹部落巡守隊人員表示目睹臺灣雲豹的蹤跡，雖然沒有拍下照片，但是據稱有 6 個人親眼看到，臺灣雲豹的下落又引起臺灣各界的重視，消失已經近 40 年的美麗動物，是否還存在臺灣的山林裡？此刻的我沒有答案，但是我相信，倘若人類可以不再濫墾山林，讓雲豹能夠有更多的棲息空間，相信總有一天我們一定可以在山林裡和臺灣雲豹美麗邂逅。

🦶 大塔山建議行程

阿里山車站 ▶ 沼平車站 ▶ 十字分道
▶ 大塔山登山口 ▶ 二代木 ▶ 大塔山 ▶
原路回程

距離 10.21 公里，步行時間 3 小時 30 分。

第五章

日本・昭和前期

5-1
十八尖山：臺灣的護國神山
（1926 年東山公園建成）

 歷史故事

十八尖山是位於新竹市郊的一座公園，緊鄰市區，綠樹鬱鬱成蔭，吸引許多市民前往運動休閒。早期的十八尖山曾經是墓地，但是它如何蛻變成為全臺灣第一座森林公園，甚至帶動科技產業的發展呢？

　　臺灣的護國神山是哪一座？大部分人都會說是台積電，但是對登山客來說，台積電是公司又不是山；那是不是玉山？玉山確實是臺灣的精神堡壘，但是稱不上護國，現在，我要講的故事是正港的臺灣護國神山──十八尖山的故事。

▲（左）十八尖山東峰山徑附近有個刻著「馬界」的基石。（右）十八尖山東峰海拔125 公尺，有一顆編號 56 聯勤陸補三等三角點。

▲ 十八尖山區總共有 16 個防空洞遺跡，多數仍堅固完整。

　　十八尖山緊鄰新竹市區，號稱是新竹的陽明山。十八尖山東峰海拔
125 公尺，有一顆編號 56 聯勤陸補三等三角點，大部分的十八尖山步道都
是柏油路，而十八尖山東峰位置則是在非柏油路的原始步道上，不過路況
非常輕鬆好走。

　　第二次世界大戰時，日軍在十八尖山開鑿防空洞，將武器及裝備藏在
洞內，到了國民政府時期，也繼續接收這些設施，並將十八尖山公園規劃
為軍事區域，禁止一般民眾進入，因此保護了原始山林風貌。

　　近年來，公園開放後，在靠近寶山路的登山口，還特別設立了「防空
洞步道」，讓登山客可以體會昔日的這些軍事設施。經計算，十八尖山區
總共有 16 個防空洞遺跡，推想當年一定有大量的軍隊和設施在此駐紮，
部分防空洞用紅磚建造，工法細膩堅實，雖然已經歷史久遠，但是仍然堅
固完整。

1926 年東山公園建成

在山徑旁有一個奇怪的基石,就在十八尖山東峰附近,基石上刻著「馬界」二字,到底是什麼意思?難道這裡過去曾養過馬?今天我就來揭密,並和大家講述十八尖山的歷史故事。

早期,十八尖山是原住民道卡斯族竹塹社的獵鹿場,竹塹社人在此過著無憂無慮的生活,17 世紀鄭成功趕走荷蘭人後,才將竹塹社(今新竹)納入管轄範圍。1682 年,清軍準備攻打明鄭臺灣,當時的鄭成功的孫子鄭克塽徵用原住民搬運軍糧,但因勞役過於繁重,造成竹塹社原住民的反叛,於是鄭軍派兵鎮壓,原住民不敵便逃往十八尖山區躲藏。這是十八尖山首度躍上歷史的舞台。

到了清朝乾隆年間,漢人拓墾逐漸推向十八尖山山麓,這山區便成為原漢交界的地區,由於不易開墾及耕種,漸成為埋葬用的墳墓區。1867年淡水廳同知嚴金清明令虎頭山、十八尖、雞卵面等為「義塚」,也就是公墓區,禁止民眾濫墾

臺灣文獻叢刊

新竹縣采訪冊

為出示嚴禁事。照得本分府訪聞南門外巡司埔、中冢、外教場、枕頭山、虎頭山、十八尖、

同治六年四月二十六日署同知嚴金清告示

雞卵面、出粟湖、雙溪、崎頭、青草湖、頭埔、二埔、中心崙、黃箕湖、芎蕉灣、孫子山官地,均係埋葬骸骨。近有不法奸民私在該處開墾,或將骸骨搗毀,言之大堪髮指。除簽差查勘訪墾毀外,合行出示嚴禁。為此示仰該處居民人等知悉:倘敢抗違,一經查獲或被指稟,定即嚴拿究追重辦,決不姑寬。其各懍遵毋違!特示。

一三五

一三六

▲(左)1867 年淡水廳同知嚴金清明令虎頭山、十八尖、雞卵面等為「義塚」。(右)早期是公墓區的十八尖山,在日本時代整建變成臺灣第一座森林公園。

濫伐，或是破壞墳塋，這是「十八尖山」的名稱第一次在歷史上出現。

　　日本時代的初期，整個十八尖山還是維持一片「夜總會」的狀態。但是到了 1916 年，日本政府認為這十八尖山環境優美並且緊臨市區，作為公墓的用途有礙都市的發展，於是改弦易轍，開始著手清理墳墓、開闢環山道路和建設涼亭、展望臺等，將十八尖山規劃為公園，大約經過了 10 年的整建，才正式完工，並定名為「東山公園」，是臺灣第一座森林公園。

▲ 從日本時代安置的 33 座石觀音，部分遺失或毀損，照片中的石觀音，是剩下的 24 尊之一。

　　東山公園建好之後，環境優美而綠樹成蔭，成為市民重要的休閒與運動去處，大大提升了新竹的生活品質。但為了要安撫民眾對於墓園改建的忌諱，當時直接向日本山口縣訂製了 33 座石觀音，由日本進口，直接運送到東山公園安置。同時，比照日本的朝聖之旅，命名為「新西國三十三觀音靈場」巡禮路線，吸引很多信徒朝聖膜拜，這些石觀音部分已經遺失或毀損，目前僅存 24 尊。

　　在日本時代的中後期，臺灣流行起了賽馬風氣，各地也紛紛蓋起了競馬場，新竹也不落人後，於十八尖山旁的赤土崎興建了一座競馬場，帶動了當時新竹仕紳騎馬、賽馬的風潮，民眾可以購買入場券來觀賞比賽，或購買彩券下注賭馬。

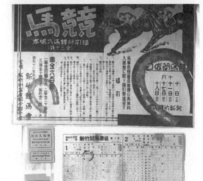

▲ （上）十八尖山旁的競馬場。
　 （下）當時的賽馬廣告與入場券。

在山徑邊現存的「馬界」基石，就是當年競馬場的界碑。原來，不是只有國外才有的賽馬，百年前的十八尖山旁，就是民眾聲嘶力竭、馬兒奮力奔跑的競馬場！

可惜當時的十八尖山旁的競馬場，因為跑道只有 1,000 公尺，無法符合正式比賽的規格，在 9 年後就被香山庄牛埔新賽馬場取代了，這一座

▲ 吉田初三郎所繪製的新竹市鳥瞰圖，當時競馬場還在十八尖山的森林公園旁。

約十萬餘坪的國際標準競馬場，跑道長度為 1,600 公尺，堪稱當時全臺規模最大的馬場。而「牛埔競馬」與十八尖山的「東山納涼」並列為當時的新竹八景之一。

十八尖山旁的赤土崎競馬場遷走後，原來的位置成為現在新竹高商的校地。至於香山牛埔競馬場，在 1941 年太平洋戰爭爆發後，馬場中原有一百多匹馬全部被徵召入伍，原本是賽道上昂揚奔馳的駿馬，淪落到為戰爭衝鋒陷陣的獸力。

1943 年戰事吃緊，整個香山牛埔競馬場都被拆除，建材也全部移做軍用，當然，戰後沒有任一匹馬回到這個馬場。過了幾年，馬場土地被闢建為工業區，成為現在的香山工業區。

除了設立競馬場之外，當時的新竹已經展現另一個現代化都市的指標，就是在十八尖山旁開闢了一座 9 洞的高爾夫球場。這座新竹高爾夫球場是在 1938 年所設立，新竹上流社會的紳士們，無不以到此打上一場球，來展現身分與地位。隨著進入二戰，這種承平歲月才有的娛樂運動就此中斷，連帶球場也就走入了歷史，目前是清華大學校地的一部分。

▲（左）新竹州立中學校歷史照片，顯見後面正背著十八尖山。（右）日本時代的建築物「武道館」迄今還留存在竹中校園內，現在改稱為劍道館。

　　除了上述的上流休閒娛樂場域外，十八尖山漸成為一個文風鼎盛的區域。1926 年，新竹中學的前身「州立新竹中學校」遷至十八尖山旁，原來校地則讓給「州立高等女學校」（即現在新竹女中）。

　　成立於 1922 年的竹中，已邁向建校百週年。當時校址位於十八尖山山麓的地方，學生們要上學，必須路經上坡路。有趣的是，當年的路旁還有農民飼養的家禽群集，顯示還沒都市化前的鄉間野趣。

　　十八尖山旁另一個重要的學校是國立清華大學，於 1956 年在十八尖山旁的赤土崎設立。清華大學初期是由中油提供前日本海軍燃料廠的土地來建校，至 1958 年，國立交通大學電子研究所也正式成立，設置在鄰近清華大學的交大博愛校區內。

　　由於這兩所大學帶動新竹科技人才培育，後來 1979 年推動科學園區設立，也是考量到清交二所大學才選擇落腳新竹，有了新竹科學園區。台積電、聯電和聯發科等半導體產業蓬勃發展成了臺灣的護國神山產業。

▲ 1956 年清華大學落腳赤土崎，成為日後科學園區培育人才的基地。

十八尖山這座鬱鬱蔥蔥的山林，從早期是原住民獵鹿場，在漢人來了以後，轉變成為原漢衝突的戰場，一度演變成為陰氣森森的墳場。所幸經過日本人銳意整頓，一躍成為全臺最美的森林公園，不但吸引許多市民來此休憩健行，更群集了莘莘學子，蛻變成學風鼎盛的文教區。因而吸引清華交大來此設校，成為最大的科技人才培育搖籃，人文薈萃帶動了科學園區和半導體產業的發展。經歷數十年的地貌變化，或許只是歷史上的因緣巧合，但誰說十八尖山不是我們的護國神山呢？

▼ 十八尖山處處綠意盎然，是休憩健行的好所在。

🐾 十八尖山建議行程

博愛街停車場 ▶ **十八尖山東峰** ▶ **馬界基石** ▶

長春亭 ▶ **桐花廣場** ▶ **防空洞步道** ▶

十八尖山 ▶ **介壽亭** ▶ **幸福亭** ▶

獅子亭 ▶ **博愛街停車場**

距離 3.87 公里，步行時間
1 小時 30 分。

獅子亭　Start
博愛街
停車場
幸福亭
十八尖山
東峰
介壽亭
十八尖山
長春亭
桐花廣場

5-2
齋明寺古道：被遺忘的韓裔天才技師
（1928 年桃園大圳完工）

 歷史故事

有超過 120 年歷史的齋明寺古道，可以和御成路古道連走，路上有座石碑，記載建造桃園大圳興建過程，而石碑中還藏有一段被歷史遺忘、卻是興建大圳最重要的天才技師故事……

　　齋明寺古道位於桃園市大溪地區，步道十分古樸幽靜，可以和御成路古道連走，是一條不論老少都很適合的輕鬆路徑，途中還可以順遊大溪知名的廟宇齋明寺。

　　在御成路古道上，立有一座桃園大圳的「供養塔」石碑，記載建造這個大圳殉職或病歿的人員名單。很多人都以為桃園大圳是日本人八田與一所設計，事實上是一位沒沒無聞的韓裔天才技師，究竟這是怎麼一回事？且來看看桃園大圳的歷史故事吧。

　　齋明寺古道的歷史超過 120 年，路面石材是取自於大漢溪，至 1923 年才改鋪為石板路，主要是作為大溪民眾、遊客與信徒，往來於齋明寺參拜的道路，長度僅 1 公里左右，是一條非常適合輕鬆散步的古道。登山口在大溪區瑞安路一段，距離武嶺橋頭不遠。

　　齋明寺創建於 1840 年代，是大溪地區歷史最悠久的禪寺。由當地一位名叫李阿甲的農民所創辦，起初只是一間私設佛堂，後來信徒愈來愈多，便正式成立福份宮，後來第二代住持黃士琴接手，將寺廟擴大及改建並更

名為齋明堂。寺廟環境十分安靜清幽，也有許多具歷史的建物和石燈座，已經被桃園列為市定古蹟。

齋明寺參訪完畢，可以從御成路古道下山，這一條古道又稱為九號崎古道，其歷史比齋明寺古道更為久遠，興建年代可以追溯到 1788 年，是聯絡大溪與員樹林之間的道路。到了 1923 年日本時代，因當時皇太子裕仁訪問臺灣，大溪地方鄉紳藉由皇太子之名，行地方建設之實，募款將原本羊腸小徑修改為石板路，且取名為御成路古道，並不是裕仁當時真的有造訪此處。

▲ 於 1788 年興建的御成路古道又稱為九號崎古道。

▲ 齋明寺正殿。

御成路古道走到與柏油路交會之處，有一座土地公廟，廟的旁邊有個桃園大圳第三號隧道的標誌，原來這裡就是早年北部最大水利工程桃園大圳的出水渠。桃園大圳開始興建於 1916 年，直到 1928 年，各主支線才全數完工。大圳取水自大嵙崁溪（今大漢溪）上游，總共灌溉桃園地區 2 萬 3 千餘甲的農田，興建完成後，桃園的農產量以倍數成長，所以大圳對於桃園地區的農業發展，具有非常重大的價值和貢獻。

　　走完古道後還可以到大溪老街逛逛。大溪原名大嵙崁，1818 年板橋林家因為漳泉械鬥而舉家搬遷到此，原為農業為主的大溪逐漸被開發，一躍成為大嵙崁溪的河運重鎮，進而發展出繁華的市街，1920 年，日本人始將之改名為大溪。近年來，大溪舊市街規劃為老街形象商圈，因為日本時代興建的巴洛克立面建築很有特色，吸引許多的觀光客前來，享受逛遊老街的樂趣，並可品嚐大溪的豆干特色美食。

▲（左）桃園大圳第三號隧道是桃園大圳的出水渠道。（右）日本時代興建的巴洛克立面建築是大溪老街的特色。

1928 年桃園大圳完工

　　日本時代，臺灣總督府很早就想要引大嵙崁溪水至桃園台地灌溉，所以從 1901 年起就開始進行大嵙崁溪的測量與調查，但受限於工程十分困難，遲遲不敢動工興建。直到了 1908 年，有一位韓裔日籍的天才技師張令紀，從鐵道部調任至工事部任職，開始接手桃園大圳的規劃。張令紀有東京帝國大學土木科畢業的亮眼學歷，為當時唯一獲聘來臺就直接以技師任用的人，是被總督府寄予厚望的一位土木人才。

　　由於桃園台地地勢較高，所以張令紀大膽地決定從大嵙崁溪上游石門峽取水，讓海拔較高的河水，可以灌溉桃園大部分的田地，由於取水口位置甚為偏遠，而且必須鑿穿山壁，開發導水隧道以送水至桃園八德。以當時的技術來說，是十分困難而龐大的工程。

　　為了將溪水穿過山嶺，張令紀設計了 8 段共 15 公里多的導水隧道，其中第三號隧道長達 4,937 公尺，是當時亞洲最長的隧道。由於那個年代尚無大型機具設備，主要還是要倚賴人力挖掘，所以張令紀心生一計，公開招募礦坑工人來挖掘隧道，讓非常困難的隧道工程得以順利開展。不過，由於當地地質相當脆弱，隧道還是常常崩塌造成人員傷亡，工程可以說是

▲ （左）還沒建設石門水庫前的珍貴照片，右側是溪洲山，左側是石門山，兩山中間就是知名的石門峽，後來的石門大壩就是建在此處，而當時大圳的取水口就位於照片的左下方。（右）張令紀設計的導水隧道，是招募礦工工人挖掘才得以順利進行。

無比艱鉅，整個隧道工程費時 8 年才完工。

　　張令紀的個性相當耿直，也不擅於交際，但是對於工作卻是全心全意地投入，而且他非常用功並酷愛讀書，他的藏書有 2,000 冊，1917 年張令紀曾奉派至美國考察最新的水利技術，不但帶回藏書數百冊，還將參訪心得寫成一本 124 頁的論文，在他的帶領和堅持之下，克服了許多的技術問題，桃園大圳才得以興建完成。

　　由於工作過於勞累，並且長期待在隧道內，導致張令紀罹患嚴重的肺病，無奈的他只好於 1920 年申請因病退休，或許知道他將不久於人世，在 2 年之內，他還奮力完成《臺灣治水計畫說明書》等三冊著作共計六百餘頁，將他的所知所學完全不藏私地留下來，著作完成沒多久，就在 1922 年病逝於臺灣。

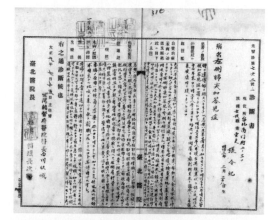

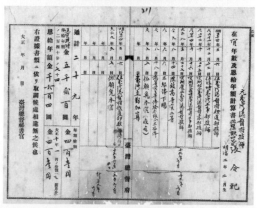

　　張令紀死後 3 年，桃園大圳終於竣工，並且在 1925 年 4 月舉辦「桃園大圳通水式」典禮，出席的貴賓可以說是冠蓋雲集，包括總督府總務長官、內務局長、殖產局長等共有 2,000 名人士參加，場面極為盛大，可惜張令紀終究仍無法目睹他一生心血的成果，更悲慘的是，後世很多人都誤以為桃園大圳是八田與一所設計

▲（上）1920 年張令紀申請退休時的醫師診斷書。（下）張令紀因病離退時的工作履歷表。

的，所以近一百年來，竟然幾乎沒有人提起過張令紀。

張令紀從 1901 年來臺灣任職，一開始先協助鐵道的工程，到下半輩子全力投入桃園大圳的設計和建造，最後終於完成了幾乎是不可能的任務，1920 年 8 月 17 日《臺灣日日新報》還曾用「對衛生工事多所效勞，為本島所不能忘者。」來形容他。另外，在臺灣總督府技師長堀見末子的回憶錄中，更以「一生懸命」來描述這位將整個生命奉獻給臺灣的人。

御成路古道旁有一座「供養塔」的石碑，紀念建設桃園大圳死難的工作人員。依據碑文的記載，這座石碑設於 1922 年，由當初負責施工第三及第四隧道的合資會社澤井組所設立，碑文中記錄了殉難和病歿人員的 55 個名字，其中日本人 41 人，而臺灣人有 14 人，不過這還只是澤井組而已，整個工程殉職人數絕對遠遠超過這個數字。所以不只是張令紀而已，還有很多人性命的殞落，才能讓桃園的廣袤荒地變為良田。

我站在大溪橋望向大漢溪的上游，

張技師

▲（上）張令紀。（下）當時通水典禮時的報紙報導。

溪洲山和石門山好像兩座門神護衛著這條桃園的母親之河，也許有人會說，建設桃園大圳是為了供應日本本土糧食，但是換個角度想，日本人離開後，這大圳不也是還在盡責地灌溉這片土地，滋養這裡的人民嗎？山水為證，一定會記得在一個世紀以前，有一位韓裔的主任技師，帶領著一群日本人和臺灣人，不分國籍地為這塊土地犧牲奉獻的傳奇故事。

▲ 由大溪橋望向大漢溪上游的遼闊景色。

👣 齋明寺古道建議行程

瑞安路一段登山口 ▶ **齋明寺古道** ▶ **齋明寺牌坊** ▶ **齋明寺** ▶ **御成路古道** ▶ **桃園古圳供養塔石碑** ▶ **登山口**

全程 5.67 公里，步行時間 2.5 小時。

5-3
飛鳳山：百年傳唱的臺灣歌謠
（1933 年創作〈望春風〉）

 歷史故事

新竹飛鳳山是新竹縣熱門步道，山邊的芎林國小曾有位教師創作出膾炙人口的臺灣歌謠，他曾經風光一時，但其音樂之路卻極為坎坷，餘生即是在飛鳳山腳下鬱鬱寡歡而終……

飛鳳山位於新竹縣芎林鄉，以其山的形狀類似飛鳳引頸而得名，過去曾經以「飛鳳探梅」獲選為「新竹八景」之一，是新竹縣的熱門登山步道。

在飛鳳山邊的芎林國小旁，曾有位教師在此度過人生下半場，而這個老師在來教書前，其實是位作曲家，或許您沒聽過他的名字，但是絕對聽過他的歌〈望春風〉，也就是被尊稱為「臺灣歌謠之父」的鄧雨賢。鄧雨賢一生傳奇，創作豐富的他，為臺灣歌壇寫下精彩篇章，因此新竹縣政府在芎林國小旁興建「鄧雨賢音樂文化公園」，茲為紀念。

要攀登飛鳳山，可以從飛鳳山牌樓開始，車子則可以停在第一停車

▲ 石壁潭山海拔 402 公尺，有一顆編號 100 號三等三角點。

▲ 飛鳳山步道的原始山野風情。

場，沿著馬路經過修心宮後，右轉過一座水泥橋後就是登山口，剛開始先是輪胎步道陡上，接著是成片的相思樹林和很舒服的泥土路，這一條優質的山路又稱為「觀日坪古道」，過去曾是先民來往於芎林和關西之間的農業道路。

　　與飛鳳山接連的石壁潭山，也可順道走訪。由於這座山頭沒有在主步道上，要留意在右手邊的小岔路，約二、三十公尺即可到達。石壁潭是位於頭前溪畔的庄名，因在石壁旁聚水成潭而得名，在清朝時稱石壁潭庄，現在則稱芎林鄉石潭村。

飛鳳山步道上有間風情萬景咖啡廳，是假日才營業的景觀餐廳，走累了可以在此休息，點上一杯咖啡或花茶，配個甜點或厚片吐司，還可以一邊欣賞漂亮的山景。吃飽了繼續再走往觀日亭，是一處視野很好的涼亭，能見度好的時候，甚至可以遠眺臺北的101。

　　此行最後走一小段產業道路，就可登頂中坑山。中坑山又稱王爺坑山，因為是舊地名中坑庄和王爺坑庄之間的界山而得名，臺灣第27號小百岳名稱雖然叫作飛鳳山，不過中坑山才是被實際認定的小百岳。

　　飛鳳山海拔423公尺，有一顆省政府三等控制點編號S151，位置在第二涼亭後方的山坡上，雖然並非被認證的小百岳，不過查詢歷史文獻，飛鳳山的名稱其實在清代就已經出現，而且早就是芎林著名的地標與景點。

　　另外，興建於1892年的代勸堂，是飛鳳山知名的古剎，主祀關聖帝君，又稱為關帝廟，由當時的地方人士鍾逢源捐獻土地，仕紳楊福來、邱庚龍等發起募款所興建，現在已經是當地的信仰中心。

▲（左）興建於1892年的代勸堂，主祀關聖帝君，又稱為關帝廟。（右）中坑山海拔462公尺是臺灣第27號小百岳。

1933年創作〈望春風〉

飛鳳山腳下的芎林國小旁，有座「鄧雨賢音樂文化公園」，這個公園誕生的背後藏有一段早年臺語歌謠興衰更迭的過往。

2000年，臺北市政府與《聯合報》曾共同主辦「歌謠百年臺灣」活動，經過22萬多人的票選，獲得最受歡迎臺灣老歌的第一名的是——〈望春風〉，這首臺語老歌是在1933年所發表，許多人都不知道作曲者就是有「臺灣歌謠之父」之稱的鄧雨賢。特別值得一提的是，鄧雨賢雖曾經創作許多膾炙人口的臺語歌，但是他其實是一位客家人。

鄧雨賢出生於日本時代的1906年，生在桃園市平鎮區與龍潭區交界的小村莊，父親是一位漢學老師，三歲時，因為父親工作的關係移居臺北，因而練就了流利的閩南語，小學畢業後，遵從父親的期許，選擇就讀臺北師範學校（今國立臺北教育大學）。就學期間，他顯露出了卓越的音樂才華，對於各種樂器都能很快上手，畢業時的音樂科目甚至得到滿分的成績。

畢業後，鄧雨賢被分發到臺北日新公學校（現臺北市日新國小）任教，隔年也奉父母

▲（上）照片是他在師範學校練鋼琴的留影。（下）鄧雨賢曾於臺北日新公學校任教（前排右三）。

之命及媒妁之言，與妻子鍾有妹結婚，並生育了一個兒子，似乎要過著安穩的日子了。不過他發現，教書並不是他的興趣，鄧雨賢內心仍舊燃燒著音樂創作的夢想，他竟然辭掉穩定的教職工作，不管很多人的反對，隻身前往日本的東京音樂學院學習作曲，希望可以挑戰音樂的最高殿堂。

為了理想，鄧雨賢放棄了穩定的教職，負笈日本學作曲。沒想到，學成回到臺灣後，發現作曲根本難以維生，生計頓時陷入了困境，因此受到親友很大的質疑與壓力，甚至很多人都準備看他的笑話。因為當時的臺語歌基本上是被政府壓制的，根本沒有臺語音樂的市場。不過到了 1932 年，時來運轉，有一首宣傳無聲電影的臺語歌——〈桃花泣血記〉風靡了全臺，很多臺語唱片公司因此應運而生，鄧雨賢終於等到了否極泰來的時機。

發行〈桃花泣血記〉的古倫美亞唱片公司，為了進一步開發臺語歌市場，眼光獨具地延攬了鄧雨賢。他第一年就譜出了〈望春風〉這首歌，而作詞者是當年僅 25 歲的同事李臨秋，其靈感來自於李臨秋在淡水河畔，

▲（左）無聲電影的臺語歌配樂〈桃花泣血記〉掀起當年臺語歌市場風潮。（右）〈望春風〉的原版歌詞，作詞者是當年僅 25 歲的李臨秋。

看到有一位少女經常守候在街燈下，等待一位心儀的少年經過。這首歌曲調輕柔悅耳，歌詞雅致優美，對當時僅可聽臺語歌仔戲的聽眾來說，是一個很大的創新與突破。

歌曲寫得好，也要有適合的人來唱，由於當時市場上還沒有臺語歌手，只好找唱歌仔戲的歌手純純來唱，她當時才18歲，因為家境非常貧寒，年紀很小就參加歌仔戲班，沒想到被賦予唱臺語歌〈望春風〉的重任，竟也唱得悠揚而動人，立刻獲得聽眾熱烈的歡迎，打響了鄧雨賢和純純成功合作的第一砲，純純因此也被認為是第一位臺語流行樂歌星。

▲（上）唱歌仔戲的歌手純純。（下）〈月夜愁〉原是平埔族歌謠，由鄧雨賢編曲、周添旺以三線路為靈感作詞，成為擄獲聽眾的情歌。

挾著〈望春風〉的成功，鄧雨賢又立刻和另一位寫詞的同事周添旺合作了〈月夜愁〉這首歌，〈月夜愁〉原來是平埔族的歌謠，鄧雨賢進行編曲後，再由周添旺以「三線路」（現臺北市中山南路）為靈感作詞。由於三線路當時是情侶熱門的約會場所，而這首歌描述有一位多情女子，在此等不到愛人的悲愁心情，由於旋律悠揚而哀怨，也大受歡迎而擄獲不少聽眾的心。

鄧雨賢才到唱片公司一年，已經創

作許多首暢銷的臺語歌曲，開啟了臺語歌最蓬勃的一段時光，隔年又再度與周添旺合作〈雨夜花〉，這首歌的靈感來自於周添旺在應酬時，認識一位酒家女，原來是鄉下純樸的女孩，到了臺北後與一位都會男孩相戀，沒想到這男孩是個負心漢，竟然移情別戀而拋棄了她，她在心碎之餘而淪落風塵的故事，周添旺用「雨夜的殘花」來隱喻這位悲情的女性，同樣也由純純演唱，又幫唱片公司獲得很大的市場成功。

　　鄧雨賢從生活困頓，終於等到臺語歌的盛世來臨，可以說是堅持理想所獲致的甜美果實。而他確實創作了許多悅耳的歌曲，可惜好景不常，到了 1937 年，中日戰爭爆發，日本政府強制規定臺語歌必須以日語演唱，也因為戰爭的緣故，這些流行音樂都被改寫為愛國歌曲，例如〈望春風〉被改寫為〈大地在召喚〉，〈雨夜花〉被改為〈名譽的軍夫〉，〈月夜愁〉則被改為〈軍夫之妻〉，嚴重限制了鄧雨賢的創作空間，連帶市場也急速萎縮。

▲（左）鄧雨賢與周添旺合作的〈雨夜花〉，也是當時膾炙人口的歌曲。（右）古倫美亞唱片公司的員工合影（前排右二為鄧雨賢）。

▲（左）鄧雨賢重回教職，在芎林公學校的留影。（右）國民政府以歌詞頹廢或是危害風俗等奇怪理由，將鄧雨賢的創作列為禁歌。

　　鄧雨賢失去了他最愛的音樂創作舞臺，也不願意為政治譜寫歌曲，於是在 1939 年黯然離開了唱片公司，與妻子一起離開了傷心的臺北，隱居在新竹的芎林公學校（現飛鳳山邊的芎林小學）任教，重回他過去不愉快的教書日子。他一心期待著戰爭盡快過去，可以再度回到音樂的舞臺，不過事與願違，戰爭還沒有結束，他就因為抑鬱成疾，在 1944 年 6 月 11 日因病去世，享年才 38 歲。

　　鄧雨賢過世後隔年，戰爭就結束了，可惜他沒等到和平的日子到來，就結束了短暫卻又璀璨的人生。不過諷刺的是，他的歌曲並沒有因為和平而發揚，反而大多都被國民政府列為「禁歌」，理由竟是歌詞頹廢或是危害風俗等奇怪理由，沒料到這位不世的音樂才子，歷經兩段無奈的年代，讓他的作品在很長的一段時間無法被人所傳唱，成為那個時代的悲哀。

　　鄧雨賢的臺語歌被禁唱了 30 年後，至 1987 年政府宣布解嚴後才被解禁，而人們也早已遺忘鄧雨賢了，直到近年來大家才又開始重視這位音樂

才子，並以「四月望雨」：〈四季紅〉、〈月夜愁〉、〈望春風〉和〈雨夜花〉這四首最具代表性的臺語歌，彰顯鄧雨賢留給大家雋永的資產。

▲ 芎林國小旁的鄧雨賢音樂文化公園。

在鄧雨賢最後任教的芎林國小旁，新竹縣政府興建了一座「鄧雨賢音樂文化公園」，以感謝他用短短的人生，卻留給了人們百年傳唱的臺語歌，希望不會只是百年，也許是下個百年、千年，都會被臺灣人永遠記得並且傳頌到每一個世代。

🐾 飛鳳山建議行程

飛鳳山第一停車場 ▸ 修心宮 ▸ 登山口 ▸ 石壁潭山 ▸ 風情萬景餐廳 ▸ 中坑山 ▸ 飛鳳山 ▸ 代勸堂 ▸ 第一停車場

距離 6.0 公里，步行時間 3 小時。

5-4
大崙頭尾山：故宮文物的萬里流浪記
（1933 年故宮文物遷移）

歷史故事

想要在臺北輕鬆健行登山，大崙頭尾山是個好選擇。而大崙頭尾山旁的故宮是大眾熟知的熱門景點，其中有許多珍貴館藏與鮮為人知的寶物萬里流浪故事，就來一探究竟吧。

　　大崙頭尾山是內湖、士林熱門的郊山，路況良好而且交通便捷，如果想要享受青山綠水的山林，並且體會登高望遠的美景，這座山確實是一個輕鬆的好選擇。

　　外雙溪故宮就位於大崙尾山的旁邊，也是熱門的觀光景點，大家雖然都知道故宮館藏從何而來，不過很多人不一定知道，這過程中的艱辛和曲折，今天就讓我來述說這寶物萬里流浪的故事吧。

　　此行，我從中社路二段的大崙尾山登山口啟登，道路的兩側都可以停車，也可以搭乘 255 路和棕 13 路公車到達，交通算是相當的便

▲（左）仙座台山附近的摘星石。（右）大崙頭山海拔為 476 公尺，是編號第 8 號的臺灣小百岳。

▲ 翠山步道上的士林分局廢棄靶場。

利。登山步道都已經鋪設石階，雖然失去了質樸的味道，不過路況倒是相當良好。

　　從登山口開始不到 100 公尺，遇到一個岔路右轉，沿著比較原始的山徑，很快就可以登上一塊平坦的大岩石，稱為「仙座台山」，海拔 321 公尺。另外附近還有許多巨石，其中最有名的是「摘星石」。

　　原始山徑會經過大崙尾山西南峰，然後接回大崙尾步道，沿途偶爾看到一些動物造型設施，但都已經破舊而顯得有些詭異，應該是過去廢棄的遊樂設施。接著登頂大崙尾山，海拔 451 公尺，山頂有一座涼亭可以休憩，在一旁有一顆三等三角點。

　　大崙尾山下山接碧山路後，再由「自然步道」上大崙頭山，山頂有一座觀景臺稱為「乘風堡」，觀景臺的視野極好，有 360 度的景觀可以欣賞，大崙頭山海拔為 476 公尺，是編號第 8 號的臺灣小百岳。

由森林木棧步道下山，沿路有錯落巨石的公園、活蹦亂跳的松鼠、豐富的各種樹木，是一條相當優質的步道。然後再沿著碧溪步道而行，這一段山路是號稱「臺北小溪頭」中最精華的一段步道，山徑平緩綠樹成蔭，而且旁邊就是宜人的小溪澗，最後再由翠山步道接回中社路的登山口。

　　翠山步道是臺北市少見平緩好走又有美麗景觀的步道之一，在黃昏時分可以欣賞觀音山的夕陽，看著逶迤的淡水河，有種江畔歸帆的寧靜，帶點遠山暮色的詩意，就在這安詳的夕陽風景畫之中，古色古香的故宮博物院就設立在山邊的外雙溪畔。

▼ 翠山步道可以欣賞觀音山夕陽，遠眺淡水河，頗富詩意。

1933 年故宮文物遷移

大家都知道故宮博物院的館藏來自於北京的「紫禁城」，其藏品主要是明清二代皇宮的珍玩。民國成立後，末代皇帝溥儀還住在故宮裡，他心想早晚都會被攆出紫禁城，反正這些故宮寶物原本都是他家的，於是開始背地裡將藏品偷運出宮外，甚至幹起盜賣館藏的勾當，一直到 1924 年溥儀被趕出北京，才停止了故宮文物的第一場劫難。

溥儀被趕出北京後翌年，故宮博物院正式成立，盤點溥儀盜賣或偷運出宮的書畫精品約有 1,200 件，許多遭溥儀賣掉的館藏，輾轉流落到其他國家的博物館收藏，造成無法彌補的遺憾。不過故宮博物院成立後，也絕非高枕無憂，因為才開張不到 8 年，1933 年中日衝突逐漸升高，文物面臨到戰火的威脅，政府當局擔心這些文物遭到波及，於是著手開始規劃遷移館藏。

然而要把館藏遷移，卻引發外界很大的反對聲浪，包括胡適、魯迅和徐志摩等社會賢達，都認為此舉將造

▲（上）1930 年的北京故宮博物院。（下）為躲避戰火，將大量館藏從天安門一箱一箱打包運出至南京安置。

成人心浮動，強烈反對將文物遷離，甚至有民眾組成自衛隊，嚴密監視故宮的行動，逼得當局只好將帶頭者逮捕入獄，才得以進行這場號稱歷史上規模最大的文物遷徙。一箱一箱的館藏從天安門被打包運出，經盤點共有13,427箱故宮文物，為了躲避戰火，還非常機密地輾轉搭乘火車，千辛萬苦終於運抵南京。

　　沒想到1937年「七七事變」後，中日戰爭爆發，南京也頻頻遭到日軍的轟炸，政府只好繼續故宮寶物的大逃難，又分成三批陸續遷移到四川，其中第三批就在日軍大舉進攻南京前幾天才全部運出，驚險地躲過一場浩劫。不過運出南京也不代表就安全了，有一輛運送的火車遭日軍轟炸，在火海中勉強逃離，另有一次文物曾暫放湖南大學圖書館，才剛運走，建築物立刻被日軍夷為平地。就這麼神奇地，故宮寶物遇險許多次，但是每次都化險為夷。

　　好不容易等到對日抗戰勝利，國寶終於可以逐批運回南京了，沒想到才沒過多久，國共徐蚌會戰爆發，戰火又逐漸危及文物的安全，於是在1948年政府當局做出重大決定，計畫將文物運到臺灣，但是由於戰事十分緊急，船艦運量又有限，最後只能挑選了2,972箱的文物，也就是所有故宮文物的22%，搭上軍艦運往臺灣。這艦艇本來是要搭載逃難的軍民，因為

▲（左）七七事變後，在川陝公路上，艱難地用卡車遷運文物。（右）負責押運第一批故宮文物遷台的「中鼎號」軍艦。

改為載運故宮文物，於是有數千乘客無法上船赴臺，人生的命運從此殊途。

文物運抵基隆港之後，正愁著不知道要將這些館藏存放何處時，正巧臺中糖廠廠長是負責文物搬遷主管的同學，而且考量臺中天氣也很適合文物的保存，於是這些無價之寶，就協商存放在臺中糖廠的兩座倉庫內。其實，這一段將珍寶暫放破舊倉庫的奇聞，我小時候就有聽過家父提起，因為那時家父就在糖廠任職，而我國小時期也曾在臺中糖廠舊宿舍區住了 6 年。

很快地，當局就發現將寶物放置在市區倉庫內，並不是一件太安全的事，於是大家開會討論，認為應該要將文物藏放在山區較為妥當。經過一番的探查，終於擇定霧峰北溝的山麓，但是北溝是一個荒郊野地，只好在山區整地興建庫房。另外，基於防止可能的砲火威脅，也在山區挖掘山洞，將存放在臺中糖廠的館藏都遷移過去。

雖然環境不算理想，但是北溝故宮仍很盡責地，從 1957 年開始對外展出，第一個月就吸引了 2 萬人爭相參觀，同時也招待了許多重要外賓，例如泰國國王蒲美蓬、伊朗國王巴勒維等人，做了很好的國際外交工作，甚至曾經將文物送往美國五個城市巡迴展出，讓成千上萬的國際人士觀展。

▲（左）臺中糖廠曾挪用兩座倉庫來存放故宮館藏。（右）當年興建的北溝故宮庫房。

在那個顛沛的年代，北溝故宮的存在讓國民凝聚了共識，也擁有了希望。

　　這批珍寶隱身於中部山洞內的傳奇，總共持續了 15 年之久，隨著日久年深，當局又體認北溝的保存環境仍不夠完善，展出的空間也過於狹隘，便著手評估更長久的保存地點，最後找到臺北外雙溪的土地，經費不足之處，則是靠新台幣 3,000 萬元的美援支持，終於開始興建新的故宮。

　　回顧這故宮文物的保存史，北溝也擁有一段不可抹滅的記憶，因為北溝的存在，才串起這故宮文物歷史的重要環節，但是北溝故宮寶物遷走之後，雖然在 1990 年曾成立「台影文化城」，使北溝暫時保有些許的風光，但園區卻不幸在 921 大地震中毀於一旦，自此北溝逐漸走入蕭條落寞，令人唏噓不已。

　　1965 年，外雙溪故宮的建設完工，並於該年底正式開幕，這些寶物終於在臺灣有了長久安頓的家。或許是主事者的細心籌劃，也或許是無法解釋的好運和奇蹟，經過數千公里的旅程，這些文物竟然幾乎毫髮未損。外雙溪故宮博物院開幕之後，吸引大批遊客人數的參觀，一躍成為世界知名的博物館。

▲（左）北溝故宮從 1957 年開始對外展出，甚至將文物送往國外巡展。（右）故宮文物曾被保存於中部山洞內。

已故前故宮副院長莊嚴的家人曾經在 1999 年拜訪南京博物院，到訪前，還曾擔心被不客氣地對待，沒想到該院徐院長卻說：「當年你父親他們把文物運到臺灣，並且保存得那麼好，真是了不起的功勞啊！」人們有幸還可以觀賞到這些文物，殊不知是透過多少人的努力，歷經無數辛苦的旅程，甚至賠上了多少條性命才能避免文物毀於戰火。姑且跳脫兩岸歷史糾結的因素，為人類的文明保留下珍貴的遺產，誰能說不值得慶幸和驕傲？

▲ 外雙溪故宮博物院迄今是國際知名的博物館之一。

🐾 大崙頭尾山建議行程

中社路二段大崙尾山登山口 ▶ 仙座台山 ▶ 大崙尾山 ▶ 親山拓印打印台 ▶ 碧山路 ▶ 大崙頭山自然步道 ▶ 大崙頭山 ▶ 森林木棧步道 ▶ 石頭厝 ▶ 碧溪步道 ▶ 翠山步道 ▶ 中社路二段登山口

距離 7.11 公里，步行時間 4 小時。

森林木棧步道　大崙頭山
石頭厝
碧溪步道　碧山路　自然步道
大崙頭山
翠山步道
親山拓印打印台
大崙尾山
Start
仙座台山

6-1
出關古道聖關段：國歌少年的故事
（1935 年關刀山大地震）

歷史故事
關刀山是臺灣的小百岳之一，也是日本時代「關刀山大地震」的震央所在地，本篇要講的故事，是關於一位小學三年級學生，不幸在大地震中罹難的故事，卻被納入日本教科書中，到底這件事是怎麼發生的？

　　出關古道是從苗栗出礦坑往來關刀山的山路，其中從聖衡宮往來關刀山的步道，稱為西段或又稱為聖關段，沿路樹林蓊鬱茂密，步道也很天然而舒適，來回大約 3 個小時，即可享受極高品質的森林浴。

　　出關古道西段的登山口在聖衡宮附近，聖衡宮是苗栗著名的風景勝地，同時也是位於知名的薑麻園休閒農業區，並以種植薑而聞名，附近有幾個觀光農場販賣薑的各種農特產品，假日非常熱鬧好玩，冬天在這裡喝上一杯免費的熱薑茶，全身都會暖和了起來。

▲ 出關古道西段的登山口位在薑麻園休閒農業區。

▲ 聖衡宮附近的觀景臺,面對正前方就是知名的馬那邦山。

　　在聖衡宮附近有處觀景臺,種植各種美麗的花卉、果樹,還可以遠眺馬那邦山、司令山和大克山綿延的稜線,另外臺中的稍來山及鳶嘴山縱走也可以一覽無遺,風景十分的壯觀秀麗。

　　從聖衡宮先經過一段產業道路,途經農家和果園,然後才能抵達登山口,步道大多是路跡明顯的泥土路,爬坡處則都鋪有完善的木棧道,有幾處比較陡峭處則設有拉繩,沿途路況大致良好,雨天則略為泥濘。由登山口到關刀山大約 2.5 公里,需要上上下下好幾個假山頭,最後才能登頂關刀山。

　　出關古道是日本時代公館到三義的重要交通要道,原來長度約為 20 公里,東起

▲ 出關古道大多是路跡明顯的泥土路。

公館鄉出礦坑，西至三義鄉關刀山。目前部分路段經過整修，大致以聖衡宮為中心點，東段從聖衡宮至十份崠地區，又稱為十份崠古道。我選擇西段的聖關段，由聖衡宮到達關刀山，沿路每 100 公尺都有石碑，標註健行的里程，相當清楚明瞭。

▲ 步道上的展望點可遠眺對面山頭的聖衡宮。

　　從步道上幾處的展望點，可以遠眺對面山頭的聖衡宮。聖衡宮設立於 1932 年，起初由村民邱阿德在自家設立宣化堂，後來信徒愈來愈多，才改建成為現今廟宇的規模，主祀民間稱為恩主公的關聖帝君，位置在苗栗大湖和三義的交界附近，海拔約 800 公尺，很適合薑的生長，所以縣政府在此規劃農業休閒園區，假日吸引許多觀光客來此賞景。

▲ （左）聖關段是由聖衡宮到關刀山，沿路每 100 公尺都有標註健行里程的石碑。（右）關刀山的海拔為 889 公尺，因為山形類似關刀而得名。

1935 年關刀山大地震

1935 年 4 月 21 日，中部地區曾經發生了巨大地震，震央就在這座山附近，故又稱為「關刀山大地震」，造成全臺總共三千多人死亡，是臺灣歷史上傷亡最慘重的天然災害。在眾多罹難者中，卻有一位國小三年級的小朋友，他的事蹟在去世後竟然被納入當時的國小課本內，到底發生了什麼事情？

故事的主人翁，名字叫作詹德坤，是公館公學校（苗栗公館國小前身）三年級的學生，因為地震時遭到磚石擊傷頭部，被送到福基收容所醫治，由於傷勢極為嚴重，只好又轉送苗栗收容所進行手術，但是最後還是因為傷重而不治。

特別的是，詹德坤的死引起很大的迴響，因為根據他的校長橋邊一好的說辭，詹德坤在就醫過程中，堅持不說臺灣話，甚至在臨終前，還大聲唱日本國歌〈君之代〉，這個事蹟刊載在 1935 年 6 月 1 日的《台灣教育》期刊中。

這件事蹟最初是由詹德坤的導師大岩根直幸轉述，而校長橋邊一好聽到後，認為這代表學校的教育很成功，就即刻將之向上陳報，又經過媒體的一番報導，逐漸變成社會上的「美談」，有心人士甚至還發動募捐，鼓勵大眾踴躍捐輸，在校園內塑造一尊詹德坤的銅像，將他的事蹟繼續流傳下去。當時《薰風》雜誌還有刊載募捐文章。

▲ 詹德坤的事蹟被刊載在 1935 年的《台灣教育》期刊中。

▲ 詹德坤的同學們，與他的銅像（最後排圖中）一起合影。

　　由於事蹟愈來愈廣為人知，導致捐款也極為踴躍，就在詹德坤罹難一年之後，銅像就在校園內正式雕塑完成，校長還規定所有師生，只要經過銅像前面，就必須要脫帽致敬，以向這位愛國的學生致上最高敬意，而且也要效法他的精神，以說日語、唱日本國歌為榮譽。

　　由於橋邊一好校長是個好大喜功的人，他將詹德坤事蹟視為機會，不斷到處宣傳，最後獲得臺灣總督府的高度肯定。1942年，將這個事蹟納入國小教科書的教材，課名為〈君が代少年〉（國歌少年）。不過，除了不講臺語和吟唱日本國歌以外，課文

▲ 詹德坤事蹟經美化後，被納入國小教科書課文中。

編造一些美化的情節，包括詹德坤早上起床先向日本神龕禮拜，還有他受傷時，還不斷關心母親的安危等，明顯地被塑造為模範樣板。當然，橋邊校長也自然受到肯定而升官，後來也被調升擔任公館農業專修學校（公館國中前身）校長。

好景不常，二戰結束日本人離開後，詹德坤的銅像就立刻遭到了拆除，詹家人把銅像賣給舊貨商，獲得了款項 800 元，並將這筆錢購買了一臺抽水機。有人問詹德坤的弟弟，會不會對銅像被拆除感到不捨，詹家的弟弟倒也看得開，回答說：「不會，因為抽水機就好像大哥還在挑水給我們喝一樣。」

到底詹德坤的事蹟是真是假？迄今還是一件有爭議的話題。

已故的苗栗縣醫師謝春梅是詹德坤的兒時玩伴，曾經在 2018 年出版回憶錄，具有非常重要的參考價值。據謝醫師回憶，他曾親眼目睹詹德坤被抬著送醫，頭部傷口還被父親塗上牛屎，在當時據傳這樣可以治療外傷，謝醫師高度懷疑死因就是傷口感染敗血症。此外，詹德坤小時候非常頑皮，本人和教科書所描述的品性良善形象有極大的反差，不過很遺憾，詹德坤臨終時，謝醫師不在現場，無法確認他有沒有吟唱日本國歌。

謝醫師在回憶錄中也提到，橋邊一好校長是一位極度重視「皇民化教育」的人，至於詹德坤的導師大岩根直幸教農業，則是位為人非常耿直的老師，謝醫師三年級時也曾被他教過。由謝醫師的證詞加以判斷，雖然大部分詹德

▲ 橋邊一好校長與詹德坤銅像的合影。

坤事蹟都是由橋邊一好所發表，但事實上大岩根才是真正在現場的人，所以這個故事中最關鍵的是唱國歌情節，只要能找到大岩根的說法，應該就可以確認是不是真的。

經過一番查找，我終於找到詹德坤的導師大岩根直幸，發表在《社會事業の友》雜誌上的投稿文章＜愛しき へ子よ＞（親愛的孩子），文章中，他敘述：「當他（詹德坤）臨終時，呼喚著他的老師和朋友的名字，而當他臨死的時候，在唱著國歌的情況下安靜祥和地死去。我不禁為他內心的純潔感到喜悅，也感謝他對日本精神的這種表達，並祈禱他能安息。」簡而言之，大岩根還是證實了詹德坤臨終時確實唱著日本的國歌。

公館公學校教第三學年担任

大岩根直幸

昨日と今日とは日とは轉じ、時は寸時も休まず進んで行きます。たのむ力は共れ人〻の運命を帯ぶと片付けて行きます。不和なる農村郷として自から任じてゐた公舘庄も、二十一日一大音響と地響と共に、慘憺たる庄となってしまひました。此れ天が我等にあたへた制裁でありました。嗚呼思へばかの悲慘なる制裁に、救へ子の無事を、然し神に祈りし甲斐も無く、二名の死亡、一名の重傷者を出して、その驚きと悲しみ、何といってよいかわかりませんでした。私は、負傷後死せし、詹德坤君に就き一言したいと思ひ

詹德坤君は、詹阿日氏の長男として、大正十三年十二月十七日に出職坑五五番地に生れ、そして深い父母の許で育てられてゐたのです。後通學の關係上、石岡塔の伯父の宅に寄留してゐたが、今回の地震で死亡したのです。彼は負傷後直後、嗣芸に治療をうけ、ほとんど負傷後國語で話し、隣者も思はず感泣したといふことです。岸羽、回央、北村の三人の先生が、石岡塔に御出の時、三人の先生の名前を呼び、父建なる國語にて校長先生を始め、諸先生方の安否をたづね、又親友の安否をたづね、先生も無事犬、友達も無事犬と泣いて敎へたと、聞かされ、私は救が生か死かの埝にありながら、かく近親等の事を思って吳れ

が生か死かの埝にありながら、かく近親等の事を思って吳れし、詹德坤君に就き一言したいと思ひ私は、負傷後死せし、

▲（左）位於公館鄉大坑村的詹德坤事蹟石碑。（右）大岩根直幸發表在《社會事業の友》雜誌文章，證實詹德坤臨終時確實唱著日本的國歌。

行文至此，真相雖然已經大白，詹德坤或許曾在臨終時吟唱日本國歌，不過，我突然回想起我讀國小的時候，在那個同樣規定不能講方言的時代，很多同學不也是盡量在老師面前講國語？與其說是愛國情操的展現，說不定只是在老師面前的偽裝？

而當年日本政府把這樣的單純行為拿來改編並大肆宣傳，現今看來反倒顯得相當地可笑，政治的目的更是不言可喻。期待有一天人們可以學會尊重不同的文化和語言，或許這樣板故事才不會一再地在歷史上重演。

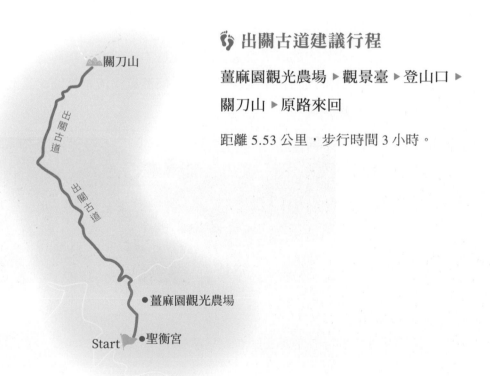

出關古道建議行程

薑麻園觀光農場 ▶ 觀景臺 ▶ 登山口 ▶ 關刀山 ▶ 原路來回

距離 5.53 公里，步行時間 3 小時。

6-2
大師岩：地熱谷的新娘自殺事件
（1935年千代子離奇自殺）

 歷史故事

大屯山腳邊的北投公園旁，有一座溫泉的源頭——地熱谷，是北臺灣民眾休憩的勝地。不過，許多人未必知道，在日本時代，曾經有位新婚才一週的年輕女子，竟然跳入地熱谷自殺慘死。而這宗離奇命案震驚了當時整個北投地區……

北投公園是一座知名的露天溫泉公園，在日本時代就已經興建，可以說處處都是古蹟，公園內的林木茂盛，還有一條溫泉溪流經其間，是北投民眾常去休憩的美景勝地。

以北投公園為中心，除了能從旁邊溫泉路登山健行外，周邊還有許多景點值得順道一訪。

先從溫泉路底——北投最知名的溫泉源頭地熱谷探訪起。地

▲ 地熱谷終年瀰漫著硫磺的煙霧，以「礦泉玉霧」列為北投八景之一。

熱谷位於北投公園旁，是北投溫泉的源頭之一，這座溫泉湖的溫度常年都在攝氏 80 到 100 度之間，又終年瀰漫著硫磺的煙霧，景色非常特殊，在日本時代稱為「地獄谷」，並以「礦泉玉霧」列為北投八景之一。

　　隱逸在溫泉路的普濟寺，是北投地區最有名的寺廟。興建於 1916 年，在日本時代稱為「鐵真院」，寺中最珍貴的一尊神像稱為「湯守觀音」，是北投溫泉的守護神，神像最早供奉在現在的北投公園裡，到了 1934 年神像則移至普濟寺內，讓這座寺廟成為了北投溫泉的守護廟，目前普濟寺已被指定為市定古蹟。

　　公園內不容錯過的還有北投溫泉博物館，其前身是北投溫泉浴場，興建於 1913 年，是當年全臺灣規模最大的溫泉浴場。1921 年，日本皇太子裕仁還曾經來此參訪和休憩，在 1998 年被整修為博物館，展出北投溫泉的歷史文物等，另外館內也珍藏一顆全世界最大的「北投石」，重量高達 800 公斤，北投石是全世界唯一以臺灣地名命名的礦石。

▲（左）已是市定古蹟的普濟寺內供奉珍貴的湯守觀音，是北投溫泉的守護神。（右）興建於 1913 年的北投溫泉浴場，於 1998 年被整修為博物館，內有豐富的北投溫泉歷史文物。

探訪溫泉鄉的文史，就不能漏掉「天狗庵」。天狗庵不但是北投，還是臺灣第一家溫泉旅館，興建於1896年，由日本人平田源吾所創立。當時，平田發現北投的溫泉有療癒的效果，治好了他的膝傷和腳氣病，所以他就買下了一戶民宅，開設了天狗庵溫泉旅館，為了紀念這個具有歷史意義的地點，目前在原址興建「天狗庵史蹟公園」，供民眾緬懷當年的溫泉風華。

從溫泉路的登山口往上爬，大約走十分鐘的山路，就可以到達「法船石」。法船石實為一座佛亭，建於1925年的日本大正年代，故又有「大正石船」的稱呼。當時，在芝山岩、草山、圓山和北投等地點，共設有88座石佛，讓信徒可以逐一巡禮參拜，稱之為「臺北新四國八十八箇所靈場」，不過目前多數石佛均已佚失。

由法船石往上再走三分鐘，即可

▲（上）天狗庵是由日本人開設的全臺第一家溫泉旅館，原址已成天狗庵史蹟公園，供民眾參觀。（下）由溫泉路向上的山路有顆法船石，尚有座興建於日本大正年代的佛亭。

▲ 登山步道上有座名為大師岩的寺廟遺跡，照片左下角是用日文刻著「臺灣啊！要永遠幸福」的臺灣幸福石。

▲ 大師山海拔 150 公尺，位置在寺廟巨石的正上方，有一顆市 32 號基石。此處視野可以俯瞰北投，並遠眺陽明山群峰的景色。

到達一座古老的寺廟遺跡，稱之為「大師岩」，這座寺廟興建於 1910 年，主祀弘法大師，寺廟周邊遺留很多刻有日文的石碑和石燈籠，有種莊嚴而古老的氛圍。

1935 年千代子離奇自殺

擁有渾然天成、奇特景色的北投地熱谷，在日本時代曾經發生一樁離奇的自殺事件。

1935 年 10 月 26 日《臺灣日日新報》刊出了一個令人震驚的新聞，從南部的公學校來北投遊覽的學童們，在參觀地獄谷（地熱谷的舊名）的時候，竟然發現了一具女性的屍體，因為滾燙的溫泉，導致屍體的雙腳以下都被熔化而僅剩白骨，連頭皮和頭髮也都不見了，死狀可說極為淒慘。民眾還費了一番手腳，才用棍棒和木板將屍體拉到馬路上，北投原本是一個寧靜的觀光勝地，傳出這樣的命案立刻就轟動了整個地方。

經警察調查，這位死者名叫松本千代子，是一位年輕的女子，不但生前擁有稀世的美貌，她的父親還是鼎鼎大名的松本龜太郎，為北投第二間溫泉旅館松濤園的創辦人，同時也創立了知名的陶器「北投燒」，可以說是北投的大富豪。更離奇的是千代子才在一週之前，與北投鐵真院傑出的

▲（左）《臺灣日日新報》刊登北投地熱谷出現女屍的新聞。（右）當時報紙調查女屍身分的新聞。

▲（左）千代子就讀的樺山小學校，座落於現在的警政署。（右）照顧千代子的瀧波惣之進校長。

僧侶安田文秀結婚，還舉辦了盛大隆重的婚禮，是人人稱羨的一對佳偶，大家都無法理解為何千代子會選擇自殺。

　　千代子雖然出生於富裕家庭，不過身世卻很坎坷，出生沒多久母親就過世了，四歲時父親也因病去世，小小年紀就成了一個孤兒，於是就由龜太郎生前的好友，同時也是臺北工業學校（今台北科技大學）校長——瀧波惣之進夫妻，協助照顧，不過小千代子也很爭氣，就讀樺山小學校（地點位在今警政署）時，成績總是名列前茅，是一位品學兼優的好學生。

　　年紀那麼小就必須寄人籬下，雖然瀧波校長夫妻對她也照顧有加，並認她為義女，但畢竟不是親生父母，讓千代子從小就非常沒有安全感和歸屬感。小學五年級的時候，千代子希望回到母親的故鄉東京念書，義父母也就順了她的意，而在麻布第三高女畢業後，千代子又回到臺灣來，畢竟這裡是她出生的地方，而且她的父母也都葬在北投。

千代子雙親的牌位供奉在鐵真院，因為她從小失去雙親，非常渴望家庭的溫暖，所以常到鐵真院去祭拜父母，感覺就還在父母身邊一樣。那時安田文秀就在寺裡擔任僧侶，是住持鈴木雪應的愛徒。安田文秀長得一表人才，行為舉止也很彬彬有禮，雖然年輕但卻是個受矚目的師父，很有機會接任住持，而當時的千代子才 21 歲，也是大家公認的美女，很多人就起鬨「在一起！在一起！」不過千代子似乎對安田文秀並沒有太大興趣。

　　後來 79 歲的鈴木雪應住持病危，因千代子非常敬重鈴木，所以主動去照護他，鈴木其實非常喜愛這位漂亮又有教養的女孩，就在臨終前表達希望撮合小倆口，於是善良的千代子答應和安田交往看看。經過一段時間的相處，安田對千代子照顧有加，千代子也慢慢轉變對他的態度，認為安田是一個可以信賴的人，於是決定要嫁給他。

▲（左）千代子的夫婿安田文秀，長得一表人才。（右）千代子嫁給夫婿安田文秀，結婚禮服都是在高級和服專門店特別訂製。

結婚典禮可以說轟動了整個北投，豪華的程度也是前所未見的，結婚禮服都是在高級和服專門店特別訂製的，似乎從此就可過著幸福的日子了，沒想到在結婚一週後的 10 月 25 日早上 5 點 10 分，安田還在寺裡誦經，千代子打掃到一半都還穿著睡衣，竟突然走到了地獄谷，躍入了滾燙的湖水裡。

　　在事發之後的幾天，報紙出現一小則新聞，竟然提到安田「品行不修」。報導中提到雖然他是鈴木的愛徒，不過外界似乎有些負面的傳聞，在鈴木過世之後，安田還因信徒反對而沒有接任住持。但安田是鐵真院很被看好的修行人，怎麼有可能會品行不修？雖然報導裡面並沒有交代清楚，不過似乎隱約透露了這段婚姻，也許並非外界所看到那麼的光鮮亮麗。

　　案情再經過我詳加調查，發現過了幾天又出現了一篇報導，竟然指控安田婚前就傳出不倫戀，原來當地有位風評極差的女子名叫「長谷川文美」，丈夫是北投公共浴場的看守。她不但冒用鐵真院之名對外募款，還向住持借了錢卻抵賴不還，當安田奉命去向她要債時，女子卻假裝楚楚可憐地向他哭訴，還甚至主動對他投懷送抱，而安田從京都被派到臺灣多年，或許因為離鄉背井而寂寞難耐，竟和女子有了不正常的關係。

　　這位女記者發現了這個祕密，還繼續明查暗訪，又發現了一些驚人的事實，並發表了一篇文章在雜誌上，原來一開始的時候千代子認為安田是一位品德高尚的人，再加上可以天天與父母牌位晨昏相伴，才會答應這門婚事，後來聽說了未婚夫的不倫戀，甚至有一次還遭到該女子的辱罵，讓她感到十分的難堪與痛苦，在婚前就忍不住質問了安田，而安田也沒有否認，發誓婚後會斷絕這個不當的關係，沒有人知道千代子為何沒有取消婚禮，或許她還在愛與不愛之間擺盪。

　　事發當天早上，夫妻為此又發生了口角，對於有近乎道德潔癖的千代子而言，驚然發覺原來這個婚姻並不是想像的那麼美好，完美婚姻的期待

終歸破滅，又覺得玷汙了雙親和自己，從而感受到了巨大的失落與痛苦，據目擊者稱，千代子在地熱谷徘徊了2個小時，在生死之間兩難和掙扎，最後決定與其留在這個汙穢的世界，不如追隨她的父母而去。沒料到她父親因溫泉而發跡，而她竟也在溫泉的煙霧中終結一生，令人不禁感嘆造化弄人。

千代子死後，安田文秀遭到排山倒海的負面批評，不過記者訪問了他，發現與其說他是一位可惡的人，更覺得他是一個可憐的人，被派任到人生地不熟的臺灣，又是在酒綠燈紅的溫泉鄉，最終沒有通過誘惑的考驗，人生劃下一個無法抹滅的汙點。淚流滿面的安田告訴記者：「我肩負給她幸福的責任，但是現在卻成了一個無法實現的夢想。」之後他發憤在鐵真

▲ 經過媒體記者訪查，安田有不倫戀，讓千代子痛苦不已，因而走上自殺絕路。

院修佛贖罪，也斬斷了不當關係，經過 8 年的懺悔與潛修，信徒才重新接納了他，接任鐵真院第三代住持，一生奉獻佛道，終身沒有再娶。

▲ 鐵真院於 1949 年改名為普濟寺，供奉珍貴的湯守觀音。

👣 地熱谷建議行程

溫泉路 ▸ 普濟寺 ▸ 地熱谷 ▸ 北投兒童樂園 ▸ 溫泉博物館 ▸ 天狗庵遺址 ▸ 松濤園遺址 ▸ 法船石 ▸ 大師岩 ▸ 溫泉路

距離 4.29 公里，步行時間約 1.5 小時。

6-3
南澳古道：泰雅少女莎韻的傳說
（1938 年莎韻落水失蹤）

歷史故事

位於宜蘭縣南澳鄉的南澳古道，是通往泰雅族舊部落的路徑，流傳著一個非常淒美的故事——80 年前的泰雅族少女莎韻的傳說……

南澳古道位於宜蘭縣南澳鄉，是通往泰雅族舊部落的路徑，位置雖然偏遠，但是沿途風景相當秀麗壯觀，生態豐富並且充滿歷史遺跡，另外少有人知的是，這裡還流傳著一個非常淒美的故事，讓我帶著大家回到 80 年前的南澳山區，探尋那個泰雅少女莎韻的傳說。

南澳古道又稱為「比亞毫古道」或「舊武塔古道」，最初是南澳山區泰雅族的社路，也是泰雅族的傳統獵場，如果從南澳的市街開車過來，大約還要行駛半小時山路才能抵達登山口。古道的入口設立了一個意象標示，運用石板加以疊砌成牆，頗有泰雅文化的意涵，這裡日本時代曾是「旋檀駐在所」的位置，不過可惜已經找不到任何留存的遺跡了。

▲ 南澳古道的入口意象石板牆。

古道路跡還算清晰易行，右側就是南澳南溪的溪谷，有些狹路緊鄰垂直的無底深壑，需要小心步伐。這一條古道在過往可以聯通十幾個泰雅的舊社，山徑旁還偶爾可以看到原住民的舊耕地，不過由於多數的原住民已經遷出深山，舊社也均已廢棄，因此這條古道成了泰雅族人回去部落舊址的「返鄉之路」。

　　古道行經 0.75 公里處，會通過「一號吊橋」。仔細查看，吊橋旁邊尚有一個舊橋的遺跡，但只剩下支撐吊橋的鐵線與殘破的橋身，應該是過去橫越溪流的古道舊橋。此外，在橋頭發現一根刻有「昭和五年七月」的石柱，顯示舊吊橋應該是在日本時代所興建。

◀（左）南澳南溪古道曾經是泰雅族回部落舊址的返鄉之路。有些狹路緊鄰垂直山谷，須小心行走。▲（上）古道中的一號吊橋旁，有興建於日本時代的舊橋遺跡。

這一座吊橋橫越稱為楠溪的溪流。楠溪是南澳南溪的支流，在溪邊左側，看起來曾有很嚴重的坍方，推測應該是之前豪雨帶來的山洪暴發所引起，今天雖然天氣還好，淙淙溪流看起來頗為清新宜人，不過由於古道前方尚有較嚴重的坍方，今天就只好暫時先在這裡折返，待未來古道修繕完成再來拜訪。

再開車回到南澳鄉的武塔，位在蘇花公路旁有一座「莎韻之鐘」，記載著 80 年前發生在南澳古道的一段淒美故事，相傳有位叫作莎韻的泰雅少女，深愛著她的日籍老師田北正記。二戰時，田北收到徵召令，必須赴前線作戰，即便當日因颱風而天候不佳，莎韻仍堅持陪伴老師下山，但就在幫老師背行李下山途中，不幸因南澳南溪水流湍急而不慎落水，沒想到就此香消玉殞。

▲（左）蘇花公路旁的「莎韻之鐘」，就是紀念 80 年前，泰雅少女莎韻的事蹟。（右）一號吊橋下的楠溪是南澳南溪的支流。

1938 年莎韻落水失蹤

　　莎韻的故事曾經於 1943 年拍成電影《莎韻之鐘》，由當時紅遍半邊天的影星李香蘭主演。美麗山地少女和英俊日本男老師的愛情故事，馬上風靡許多臺灣的民眾。每個人都為了少女的意外而唏噓不已，也敬佩於她支持心上人赴前線的愛國情操，一時之間，鼓舞了許多人志願上前線打仗。

　　這個故事由於鼓勵日本人參加二戰，戰後當然立刻因為政治不正確而被摒棄，甚至逐漸被歷史忽略及淡忘。經過了半個多世紀無人聞問後，有一位業餘的登山家——林克孝（曾任台新金控總經理的銀行家），在偶然的機會中，得知〈月光小夜曲〉是緣自於莎韻的傳說，進而對這個故事產生濃厚的興趣，立志要把莎韻回家的路探勘出來。

　　於是他共花了約 7 年的時間走訪南澳山區，並且深入泰雅族人的文化與生活，終於，將當年莎韻從流興社走到武塔墜溪的完整路徑都探勘出來，並於 2009 年，將他探勘的經歷以及泰雅舊社的相關文化，出版了《找路——月光‧沙韻‧Klesan》一書，這才又讓世人重新關注這個塵封已久的故事。

▲（左）《莎韻之鐘》電影是由當年當紅的李香蘭主演，頗受歡迎。（右）林克孝將費時七年走訪南澳山區的經歷寫成《找路—月光‧沙韻‧Klesan》一書。

但沒想到 2011 年，林克孝和幾位泰雅族朋友探勘舊武塔古道時，竟不幸在束穗山附近的斷崖墜落身亡，葬身在他此生最摯愛的南澳山區。

　這位曾經在臺大就學時期擔任登山社和現代詩社社長的銀行家，花了他人生中精華的時間，實現他的登山理念，並且找尋對於人文的渴望。現實中，他終於找到夢寐以求的莎韻之路，但是在他戛然而止的生命中，可以說用另一種悲壯的方式，找到了他自己人生的出路。

　對於林克孝的熱愛登山與追尋人文的執念，我當然是感到萬分敬佩，求仁而得仁更是浪漫而悲壯。但是，是什麼樣的故事，讓這位不世的才子如此痴狂地探尋？我自詡是個登山的文史工作者，自然很想探究這個莎韻的故事到底是真是假？當我查詢相關文獻後，卻發現這個故事有很多的破綻，有興趣的朋友請搬好椅凳，且聽我來話說從頭。

　《臺灣日日新報》在 1938 年 9 月 29 日刊載了一則篇幅不大的地方新聞，標題是「蕃婦溪流に落ち 行方不明となる」（山地女子墜落溪流，行蹤不明），報導泰雅族流興社少女「莎韻」在 27 日凌晨 5 時，與同社共 11 人協助「柿田警手」背負行李下山，途中在南溪落水失蹤。這篇報導只是很單純地報導一個意外事件，所以一開始並沒有引起社會很大的注意。

▲ 《臺灣日日新報》標題為「蕃婦の慰靈祭」的新聞，讓整件事有了不一樣的面貌。

沒想到這一件事在地方慢慢發酵了起來，在親日地方社團「女子青年團」的推波助瀾之下，於同年 11 月 26 日舉辦了一場盛大的追悼儀式，此活動經《臺灣日日新報》的報導，刊載在 11 月 30 日標題為「蕃婦の慰靈祭」的新聞中，據報導有多位政府官員出席這場追悼式，甚至連臺北州知事藤田俱治郎都致贈慰問金。弔詭的是，之前所稱的「柿田警手」卻改為擔任老師的「田北警丁」，明顯是為了創造較為完美的男主角形象，而竄改了故事的情節。

追悼式未克出席的臺北州知事藤田俱治郎，在一週後的 12 月 6 日特地安排巡視了南澳泰雅部落，並且也去探望莎韻的墓地，並公開讚揚莎韻是「為國捐軀」。經過知事特意的宣傳之後，隔年 1 月 11 日的臺北州《地方情報》上，就刊載了一篇〈山地少女的純情〉的文章，文中藤田知事誇讚莎韻雖然收入微薄，但是全心全意為國家服務，藤田甚至還親自創作了一首詩，以紀念她的愛國情操。

到了 1939 年的 2 月 1 日，《臺灣警察時報》又刊載出一篇文章，名稱為〈蕃界銃後哀話－サヨンの死〉，更完整地將莎韻的故事架構出來——文中描述她在家是一

《臺北州臨時情報部》 宜蘭線羅東駅の西方十二里。大濁水溪のほとりに切替畑や樟木林に閉ざされた昔ながらの蕃社がある。今では春の訪れも駐在所や教育所の庭先に緋櫻が吹き寄り、蓁作の鴨脚も快く、行く秋には、遠近の山々が紅葉を飾る平和境となってゐる、これが往

山の乙女の純情

蕃界銃後哀話
サヨンの死

臺北州
加奈原 楷

▲（上）當年的《地方情報》刊載名為〈山地少女的純情〉的文章，歌頌莎韻的事蹟。（下）《臺灣警察時報》的文章則是將莎韻，正式定調為愛國少女的形象。

位孝順的女兒，也敘述了她和老師田北正記的情誼，最重要的是文中敘述了日本在 1938 年 9 月入侵武漢，所以田北是被徵召入伍，自此莎韻的故事從幫「警手下山」背行李，改為陪「恩師入伍」，正式定調其為愛國少女的形象。

1941 年 2 月 20 日，全臺灣原住民青年代表組成的「皇軍慰問學藝會」於臺北公會堂演出，由莎韻的同學用泰雅語及日語演唱，以藤田知事的詩寫成的歌曲〈サヨン少女を思ふ〉（想念莎韻少女），獲得了現場一致讚賞。正巧臺灣總督長谷川清此時也正在臺下觀賞，他在會後特地打聽了故事來龍去脈後，於是決定將莎韻的故事搬上大螢幕。

1941 年底，太平洋戰爭爆發，長谷川總督開始籌拍以莎韻故事所改編的電影《サヨンの鐘》《莎韻之鐘》，作為鼓動全民愛國情操的教材，電影中收錄了當時名歌手渡邊濱子演唱的歌曲〈莎韻之鐘〉，這首歌後來甚至還改編為國語歌〈月光小夜曲〉，一時風靡了日港臺各地，而當時有許多原住民看了電影後，受到很大的感動而決定從軍，可見電影和音樂都獲得空前的成功。

真相終於大白，莎韻雖然是真有其人，但當時她才只是個 17 歲的少女，出公差幫一

▲ 當年長谷川總督主導以莎韻故事所改編微電影《莎韻之鐘》，變成歌頌從軍的愛國電影。

個不認識的警察助手搬行李，根本也千百個不願意颱風後長途跋涉，卻在不幸墜溪溺死後，被親日的青年團吹捧邀功，地方的理蕃課長和臺北知事誇大其辭美化故事情節，變成一個陪伴恩師出征的完美愛國典範，臺灣總督也親自主導拍攝電影，終於編造成為家喻戶曉的感人故事。

對於無辜殞命的莎韻來說，日本人因戰爭需要，將它改編成為鼓動愛國情操的故事，至於林克孝則是因為對於淒美故事的想望，讓他愛上泰雅的歷史文化，也找到了他人生的摯愛及出路。誠然歷史太過殘酷，讓淒美打回了現實，不過故事畢竟是故事，撇去了政治的動機，或許故事的真偽也不再那麼重要了，只要我們對於山林有了真誠的熱愛，內心的悸動就顯得無比真實，當我走進南澳古道的那一瞬間，好像也墮入了那淒美的情境，彷彿聽到那首動人的〈月光小夜曲〉還迴盪在南澳的山林裡。

南澳古道建議行程

南澳古道意象牌 ▶ 南澳古道登山口 ▶ 泰雅舊社耕地遺跡 ▶
一號吊橋 ▶ 原路返程

距離 1.77 公里，步行時間約 40 分鐘。

6-4

瑞芳四秀：礦業鉅子的起落人生

（1940 年瑞芳事件）

 歷史故事

瑞芳四秀是龍潭山、瑞芳山、秀崎山與白象山，四山相連皆緊鄰海岸，山海風景宜人。山裡蘊藏的煤礦造就了瑞芳過去的風光，靠著煤礦發達的瑞三礦業，卻留下不幸的瑞芳事件⋯⋯

　　在新北與基隆交界的瑞芳鎮，附近有三座郊山，曾被暱稱為「瑞芳小三」。後來第四座「白象山」路線被開發出來，山界便改稱為「瑞芳四秀」。雖然瑞芳四秀的山勢不高，但是皆緊鄰海岸，視野非常的壯麗，是欣賞山海風景的好去處。瑞芳曾以礦業繁榮一時，在瑞芳區內的猴硐裡，除了以「貓村」聞名，當地的「瑞三礦業」曾是瑞芳最著名的礦業公司。經營瑞三礦業的李建興家族，在當地無人不知無人不曉，不過，這個家族竟然曾經歷悲慘的冤獄，不但無端坐黑牢，甚至有許多成員不堪刑求而自殺，史稱「瑞芳事件」。

▲ 瑞芳四秀步道已鋪上石板，路況良好。

這次走訪瑞芳四秀，登山口在新北市的瑞芳公園，沿著產業道路開到底會有個停車場。這條山路大多都已經鋪上石板，路況十分良好，走來也相當舒適輕鬆。

　　一般山友登瑞芳四秀，會先從龍潭山開始，經過一段陡升的石階路，很快即可到達。龍潭山海拔 199 公尺，有一顆控制點基石在山頂涼亭旁邊，山頂的風景十分壯觀，可以欣賞北海岸的深澳漁港，突出的海岬則為象鼻岩。

　　第二座山稱為瑞芳山，這座山並不在登山步道的主線上，而要走一段天然的山徑，路徑較為原始，大概走 10 分鐘即可登頂。瑞芳山海拔 187 公尺，有一顆土地調查局圖根點，山頂視野也相當不錯，可惜我到訪當天，天候不佳，風景如同蒙上一層神秘的面紗。

　　第三座山稱為秀崎山，海拔 195 公尺，有顆省政府四等控制點，另外山頂有一個碉堡的遺跡，可見過去此處曾是戰略據點，因為秀崎山較為靠近陸地，景觀上比較沒有那麼壯麗。

▲（左）龍潭山山頂可以看到深澳漁港，還有突出的海岬象鼻岩。（右）秀崎山過去曾是戰略據點，山頂有碉堡遺跡。

▲（左）走訪瑞芳山時，天候不佳，讓好風景如同蒙上神祕的面紗。（右）白象山山頂，拍照時，回望來時山路，剛好可以看到並列的瑞芳四秀山頭。

　　第四座山是白象山，登山口在秀崎山的指雲宮牌樓正對面，是一條比較原始且泥濘的山徑，有幾段陡升和陡降路段，必須小心拉繩攀爬。白象山又稱為弘明山，海拔為 180 公尺，有一顆不知名的基石，而我在白象山頂拍照留念時，回望來時山路，剛好可以看到並列的瑞芳四秀山頭。

　　從白象山沿著原始山徑下山，可以下到弘明寺附近的岳王路，再沿著馬路走回指雲宮，路邊突然出現一個數十公尺高的巨岩，岩石上刻著「潛龍在淵」四個大字，下方落款署名「紹唐李建興」，能夠在這裡留下這麼霸氣的石刻，絕對是個大人物，然而，到底李建興是誰？

▲ 從白象山下山的路上，路經刻著「潛龍在淵」巨岩。

1940 年瑞芳事件

時間回溯到日本領臺前四年——即 1891 年，李家長子李建興出生在平溪，當時李家家境不寬裕，身為長子的李建興，8 歲時就必須去牧牛，以分擔家計。但是由於李建興體弱不堪放牧的體力負荷，雙親只好送他去私塾讀漢文，希望未來可以擔任教師。

不過特別的是，當時已經進入日本時代，李家竟選擇讓李建興讀四書五經，雖然讓他打下深厚的漢文基礎，但也由於不諳日文，注定了他一生的坎坷。

李建興 25 歲時，進入猴硐的一家煤礦公司擔任書記員，工作才一年，就因為表現優異被擢升為總經理，不過 3 年後，三井會社和顏雲年合資成立「基隆炭礦株式會社」，將李建興任職的公司併購了，因此李建興只好轉作承攬的包商。不過，由於他不擅日文，使得生意每況愈下，正當考慮要轉業時，沒想到，因為他很誠實地將多算的工資退還給日商，讓日商感

▲（左）瑞三鑛業的創辦人李建興。（右）李建興在 1930 年遷居瑞芳，設立的義方商行迄今仍屹立在瑞芳老街上。

受到他的誠信，因此開始將生意交給他，讓他的經營開始好轉，甚至逐漸擴大承攬業務到鄰近的萬里、白石腳等其他地區。

隨著生意步上軌道，1930年，李建興舉家遷居瑞芳，在瑞芳設立義方商行，商行的事業也愈來愈興旺。到了1934年，三井公司認為瑞芳礦源已經枯竭，於是決定放棄開採。但是，李建興判斷在更深的地層下還有礦脈，於是和弟弟們合資，將三井的「瑞芳三坑」承包下來，並成立「瑞三礦業」，沒想到，真的在底層開採出大量的煤礦，一躍成為臺灣產量最大的煤礦會社，礦場也從瑞芳擴及到牡丹和士林等地。

隨著李家在煤礦的事業邁向高峰，李建興又擔任瑞芳街協議員、瑞芳信用組合長等要職，當時瑞三礦業的員工最多時達到二千多人。不過，李建興一向與日本政府關係冷淡，日本領臺都那麼久了，日語也講得零零落落，甚至還常發表不滿政府的言論，已經成為日本當局的眼中釘。1937年中日戰爭爆發，日本政府憂慮感不斷上升，深怕臺灣人會起而反叛政府。

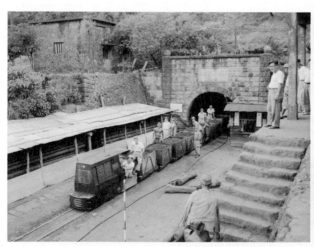

▲（左）瑞三本礦地點在現今猴硐柴寮路。（右）瑞三礦坑裡所拍攝的清秀女礦工叫做林首，當年才20歲，跟著父親一起進礦坑。但後來女性被明令禁止進入礦坑。

1940 年 5 月 27 日，有人誣告李建興與重慶的國民政府有聯繫，想要在瑞芳招兵買馬，進行反日的叛變，日本政府於是展開逮捕行動，李建興及其家人和員工共被捕數百人，經過殘酷的刑求，三弟李建炎死於獄中，五弟被拷打以致失聰，親友和員工共 72 人自殺或死亡，史稱「瑞芳事件」。李建興因被列為首謀，遭判處 12 年有期徒刑，其實礦工大多都是純樸的當地人，或許有些人不滿日本當局，但說要武裝叛亂顯然言過其實。

翻譯日本法院的判決書，就會發現，整起事件充滿了政治性，判決書開頭還誇讚李建興「有辯才、善收攬人心，事業才能卓拔，為該地方有力者，人皆敬戴」，然後判決書提到中日戰爭：「假若支那一時局部戰敗，而其國民抗日意識甚熾，必至長期戰，而日本國土狹小、人口寡少、資源貧弱，終必漸陷經濟疲敝」，充分反映當時日本政府的憂慮，「一旦支那軍來攻時，臺灣人定欣然呼應，內外驅逐日本軍民，使支那軍易於占領臺

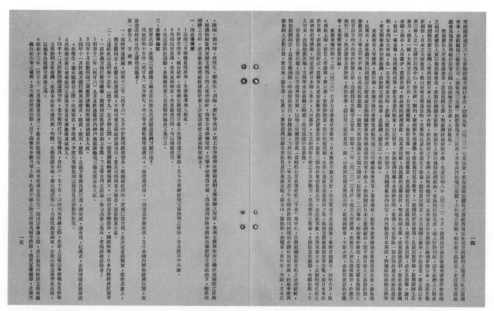

▲ 瑞芳事件後的日本法院判決書的翻譯，顯示是政治事件。

灣」。從整篇判決書看來，與其說是控訴李建興叛亂，不如說日本當局打算先將這些人關押起來，以避免他們成為戰爭的內應。

就這樣，李建興進了黑牢，一直到二戰1945年日本投降，李建興已經服刑了5年，才得以出獄重獲自由，入獄前為72公斤的他，飽受折磨的李建興只剩下46公斤。一個地方的礦業鉅子，沒想到淪落為政治犯而身陷囹圄，全家也因而受盡折磨。但也由於是日本時代政治犯的這個「榮銜」，反讓李建興在國民政府時期頗受重用，當年馬上獲指派為瑞芳鎮第一任的鎮長，瑞三礦業也再重新營運，又恢復為全臺灣最大的煤礦公司。

或許李建興是深刻體會到和當政者關係的重要性，又或者是執政者符合他的民族主義取向，無論如何，在國民政府時期他不但出任要職，也與高層互動良好，包括何應欽將軍、監察院長于右任、總統府秘書長張群，以及當時的蔣總統等。不但如此，他更踴躍捐輸，例如捐助成立瑞芳高工、時雨中學等學校，甚至連現在的陽明山後山公園也是李建興兄弟捐贈給政府的。當1981年李建興病逝時，治喪委員冠蓋雲集，可說是備極榮寵。

▲（左）蹲了5年黑牢的李建興出獄後的照片，體態削瘦，只剩下46公斤。（右）國民政府時期李建興出任要職，曾與各級高層官員留影，包括左上何應欽將軍、右上監察院長于右任、左下總統府秘書長張群，以及右下當時的總統蔣中正等。

▲（左）1940 年風光開坑的瑞三本礦舊址。（右）1969 年瑞三本礦發生煤塵爆炸，導致 37 名礦工死亡，眷屬在坑口招魂的照片，刻劃著作為礦工的辛酸與悲哀。

　　我走訪了在猴硐的瑞三本礦，這個瑞三的主力礦坑在 1940 年風光開坑，不過才幾個月之後，李家就面臨了人生最大的劫難，進了政治的黑牢，在那個年代的臺灣人，出生時只能是日本人，但是諷刺的是，在戰爭的時候，他們又被視為是外人，我想對李建興那一代的人來說，應該都是感到無奈又悲哀吧？

　　對李建興來說，瑞芳事件當然是一個無端的劫數，但至少他撐過了苦難，最後成為臺灣的煤礦鉅子。不過其他在事件中死難的礦工，80 年來卻很少被人提及，幾乎被社會所遺忘，成為整個事件最大的受害者。除此之外，煤礦本身也是高危險的行業，例如 1969 年的瑞三本礦發生煤塵爆炸，導致 37 名礦工死亡，這些礦工們大多家境清寒，為了生活冒著生命的危險出入礦坑，這張眷屬在坑口招魂的照片，似乎也刻劃著作為礦工的辛酸與悲哀。

　　在瑞三本礦旁的有一座「煤鄉礦工文史館」，是由瑞三煤礦的老員工

周朝南所發起，共有十幾位老礦工拿出自己的年金所成立，經費雖然極為拮据，但仍努力傳承礦工的歷史與文化。老礦工們年輕時冒著生命的危險挖礦，忍受著極為惡劣的工作環境，讓一家人可以溫飽，但也由於是這些人，才得以帶動了瑞芳的煤礦榮景。看著他們充滿熱誠的解說，不禁讓我動容，我突然覺得瑞芳不只是李家，或許是這些為礦業奉獻一輩子青春和生命的老礦工們，才是最代表瑞芳生命力的煤礦傳奇。

▲ 由老礦工們成立的煤鄉礦工文史館值得走訪，了解最代表瑞芳生命力的煤礦傳奇。

白象山
潛龍在淵石碣
指雲宮
瑞芳山
李建興紀念碑
龍潭山
秀崎山
Start

🦶 瑞芳四秀建議行程

登山口 ▶ 龍潭山 ▶ 登山口 ▶ 瑞芳山 ▶ 秀崎山 ▶ 指雲宮 ▶
白象山 ▶ 岳王路 ▶ 潛龍在淵石碣 ▶ 指雲宮 ▶ 登山口

距離 3.92 公里，步行時間 2 小時 30 分。

第七章

國民政府時期

7-1
臺中一中：以肉身擋軍隊的校長
（1947 年二二八事件）

歷史故事

熱愛文史的我，對於母校臺中一中的歷史故事，深感興趣。這所創校悠久的學校，在歷任校長中，曾有位校長以肉身擋軍隊捍衛學校，因此在臺灣近代史上留下重要的一頁。

在我的上一本書的自序裡曾經提到，我在念臺中一中時，受到國文老師的啟發，埋下了一顆人文的種子，而我終於在人生走到中年的時候，重新找回了那個年少時曾經有過的夢想。

未料文章引起不少的迴響，甚至也釣出了許多中一中的學長學弟，這篇文章就來深入了解母校的歷史，還有一位校長以肉身擋軍隊的故事。

臺中一中是臺灣最好的高中之一。根據統計，2021 年該

▲ 身為臺中一中校友，以母校為榮。

▲ 校史館是校園內唯一保留至今的日本時代建築物，已被臺中市列為歷史建築。

校國立大學（含私立醫科）錄取率高達 84%，可以說只要進得了臺中一中，就幾乎是國立大學的保證班，所以常吸引周邊縣市如彰化、苗栗或南投等優秀國中畢業生來報考，很榮幸我也是該校畢業校友，在校期間確實得到很大的學習和啟發。

早期，從大門口一進來，是一棟被暱稱為「紅樓」的校舍，由於造型古典優美而成為當時最重要的地標，不料，竟於 1969 年被拆除，改建為莊敬樓。紅樓雖然是建於日本時代，但完全是由臺灣人所建造，非常具有歷史的意涵，主導拆除者眼光實不夠遠大，誠然令人十分惋惜。

1914 年，日本政府在臺灣成立臺北及臺南兩所中學，主要是給在臺灣的日籍學生就讀，這兩所學校中，臺籍學生占極少數。於是，有些臺籍仕紳，包括霧峰林家的林獻堂、林烈堂，鹿港辜家的辜顯榮，清水蔡家的蔡

蓮舫,以及板橋林家的林熊徵等人,便於 1915 年共同出資成立「臺中中學校」,成為了第一所在日本時代給臺灣人就讀的中學,也就是臺中一中的前身。

到了 1922 年,學校數量漸感不足,故日本政府決定在各地增設學校,為了區隔校名,臺北中學改名為臺北一中,也就是現在的建國中學,仍維持日籍學生為主;當時成立的新學校則稱為臺北二中,主收臺籍學生,就是後來的成功高中。同樣地,當時的臺南一中、臺南二中主要分別為日籍、臺籍學生所就讀,唯獨不一樣的就是臺中州,反倒是日籍學生就讀臺中二中。

現在臺中一中內的校史館,設立於 1937 年,初期作為講堂,後來曾改為禮堂及體操館等用途,是校園內唯一留存的日本時代建築物,目前已被臺中市列為歷史建築。

目前還豎立在校園內的「創校紀念碑」,正面碑文的前二句話:「吾臺人初無中學,有則自本校始」,正標記著臺中一中的重要歷史意義,背面則記錄了所有捐獻的名單,除了五位最具貢獻的人士外,在名單裡,還有李春生、陳中和、吳鸞旂、顏雲年、姜振乾、黃南球、簡阿牛、呂鷹揚及吳汝祥等,幾乎囊括了當時全臺灣最重要的臺籍仕紳。

▲ 身後的創校紀念碑標記著臺中一中創校的歷史意義,背面則記錄了當年臺籍仕紳捐獻的名單。

1947 年二二八事件

　　雖然，臺中一中的成立凝聚了當時臺灣人的期待與共識，不過，當局對於日本人就讀「二中」倒很有意見，曾希望能夠將名字交換，而當時臺中一中的校長小豆澤英男雖然也是日籍，但卻是一位作風開明的人，對於臺日學生都一視同仁地對待，對於改名，他就十分反對。小豆澤英男認為，如果日本人讀的學校就應該是一中，根本就是歧視臺人，理應按成立時間來取名，才是公平，甚至他揚言如果政府執意改名，將會辭去校長的職務以表抗議。也因為小豆澤英男校長的堅持，日本政府只好放棄改名的計畫，讓臺中一中的校名被保留了下來。

　　小豆澤英男校長樹立的開明校風，讓全校學生都受到良好的薰陶。可惜好景不常，小豆澤校長卸任後，日本政府認為臺中一中校風太過自由，刻意選任較為嚴厲的下村虎六郎擔任校長。果然，已習慣了自由學風的學生，和這位新校長非常格格不入，1927 年，學校發生一起重大衝突事件——史稱「炊事事件」。

前校長　下村虎六郎

▲（左）小豆澤英男校長任內樹立開明校風，讓臺中一中學生受到良好薰陶。(右)下村虎六郎接任校長後，因威權強勢作風與學生衝突，引發「炊事事件」。

炊事事件始於日籍的廚師和其妻子，平常就和學生相處不睦，有一次廚師的妻子明知食物裡有老鼠屎，但是故意隱瞞不講，被學生發現之後，引發同學極大的怒火。

　學生於是向校長反映，希望開除這對夫妻，沒想到下村校長袒護日籍廚師，反倒認為這些臺籍學生無理取鬧。或許本來也不是很大的投訴事情，但因為校長的偏袒反應，卻引發更多學生反感，事情愈鬧愈大。一開始，只是五年級的住宿生（當時為五年制）發起罷課，到了5月14日，幾乎全校住宿生均加入罷課並離開學校。此時，校長不但不趕緊謀求解決，反倒下令離開學校的學生一律停學處分，還引發《臺灣日日新報》報導了這起罷課事件。

　眼看事件擴大，家長們也感到憂心不已，於是在5月24日共同出面向三浦知事（如同現今的市長）陳情，甚至希望代表學生向校長道歉，以盡早讓學生復學，不料校長非但不領情，更在5月及6月三度將36名帶頭學生退學。令人動容的是，這些退學學生竟沒有感到驚慌失措，反而從容地收拾行李離開學校，但校長的專斷導致全校學生大為譁然，罷課的情況愈發不可收拾。

▲（左）《臺灣日日新報》報導因炊事事件演變為罷課事件。（右）下村校長將帶頭罷課學生退學，而遭退學的臺籍學生們被認為是臺灣民族主義的先驅。

整起事件一直延續到 8 月才漸告平息，期間還有約 20 名學生，不願成為下村校長的學生，自己選擇退學離開。這一批被退學的學生，被認為是臺灣民族主義的先驅，為爭取臺籍學生的公平對待而求仁得仁，寫下一篇爭取自由學風的勇敢篇章。

　　其實，這一起事件，也造成下村校長一輩子的遺憾，他曾在晚年寫信給友人時，提到他每次想到臺灣，都會感到無比的寂寞與感傷，很希望有機會可以當面向臺灣人致歉，可惜他未曾再回到臺灣。下村後來成為知名作家，經過了這些風波的歷練，反倒成為一個自由主義者，是極少數敢正面批評日本軍國主義的學者，沒想到曾經在杏壇跌了一跤的下村，卻在文壇中找回他的良知與理想。

　　二戰後，國民政府接收了臺中一中，派了金樹榮擔任戰後第一任校長。金校長是一位強調中華文化，卻壓抑日本文化的校長，對於受過日本新式教育風格的學生而言，儼然是另一種格格不入，彼此間不免也發生許多衝突，尤其是語言的隔閡，因為臺灣學生剛開始只會講臺語和日語，開始被迫要用國語聽課，而金校長又是福州人，說國語的鄉音非常重，導致了不少和學生間溝通的誤會，但卻又嚴厲處罰講日語的學生。

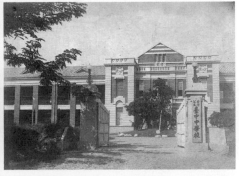

▲（左）事發的臺中一中餐廳。（右）當年矗立於校門口，古典的紅樓樣貌，正象徵著學校堅毅而自由的學風。

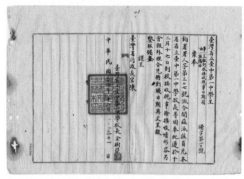

▲（左）國民政府接收了臺中一中，指派金樹榮擔任戰後第一任校長的公文。（右）前排中為金樹榮校長。

在這樣的社會與文化衝突背景下，1947 年臺灣發生 228 事件，雖然當時社會氛圍相當動盪，但臺中一中的學生卻發揮充分自治的精神，迅速組成學生糾察隊，自發性地保護學校及師生的安全。228 事件初期，常有外省人遭受攻擊，學生為了保護校長和外省籍老師的安全，竟然捐棄過去成見，安排校長及老師躲到學校宿舍，並由學生輪流予以保護，因此躲過了事件波及，金樹榮校長原本把這些學生都當成頑劣的「皇民化青年」，沒想到在 228 事件中，不但非常自律，而且表現得非常善良且富正義感，內心大為感動，對於過去自己的主觀也感到很慚愧。

◀ 1947 年，臺中一中首創樂隊，金樹榮（前排中央戴眼鏡坐者）在校舍前與樂隊合照留念。

228 事件發生三週後，情勢逆轉，1947 年 3 月 12 日，國民政府派第 21 師部隊進入臺中市，並且開始逮捕參與事件的師生與民眾，此時部隊開著軍用卡車，並由軍人架著機槍開進臺中一中的後門，準備大肆搜捕校園，當下情勢非常危急，這時候躲在學校宿舍的金校長突然衝出來，擋在了軍車車隊的正前方，用他那福州腔的國語大聲地向指揮官求情，並以身家性命保證校內絕無任何非法份子，指揮官看這一位外省校長確實沒有受到傷害或脅迫，就相信了他的話，部隊於是沒有進到校園抓人，因此也保護了所有的學生。

經過這個事件後，金樹榮校長完全改變了過去的作風，師生的關係轉為融洽和諧，他不但給予學生更自由的空間，也全力延聘優良的教師，提升學校的教育品質。在 1947 年 12 月經教育部評選為全國 39 所優良學校之一，而全臺灣僅有臺中一中和北一女中二校獲選，全校師生同享此一光榮，並決定鐫刻並豎立一座「毋負今日」石碑以為紀念。

當我又回到了母校，站在這一塊石碑前，緬懷著過去的師長們，

▲ 校園內「毋負今日」的石碑，紀念了 1947 年被評選為優良學校的光榮事蹟，至今也勉勵著所有的中一中校友。

為了爭取臺灣人的公平受教權，也為了堅持自由的學術風氣，不知付出了多少的代價，才能孕育出這一所卓越不凡的學校。第一的名稱或許並不是重點，二中也是很好的學校，重點是，這些前輩們以「爭取第一、保持第一」自勉，也以「不要辜負每一天」自我期許，才是我們真正引以為傲的資產，期望我們學習那種堅韌不拔的精神，為成為一個不憂不懼的臺灣人而永遠驕傲。

🐾 臺中一中建議行程

校門 ▸ 莊敬樓 ▸ 勿負今日碑 ▸ 科學館 ▸ 校史館 ▸ 慎思樓 ▸ 宿舍區
▸ 體育館 ▸ 麗澤樓 ▸ 光中亭 ▸ 康樂館 ▸ 建校紀念碑 ▸ 校門

距離 1 公里，步行時間約 20 分。

7-2
白米甕尖：亂世浮生的太平輪事件
（1949 年太平輪沉沒）

 歷史故事

基隆港西邊的白米甕尖，有段登山步道，登頂後可以欣賞壯闊海景，我看著航向基隆港的船隻，想起了七十幾年前，有艘載著許多政要與富商的輪船，在航向基隆港的時候，發生了意外事件，讓客輪永遠也靠不了岸…

白米甕砲台在基隆港西邊，位居基隆港出入的重要門戶，由於面向大海的視野極為寬闊，風景十分秀麗。白米甕砲台東側的小山丘則是白米甕尖，沿著登山步道可以登頂並順訪基隆燈塔，這燈塔導引著船隻安全地進出港口。

相傳過去荷蘭人曾在此建立堡壘，故又稱為「荷蘭城」。但根據考證，堡壘在四百多年前是由西班牙人所建。因為白米甕砲台地處戰略要衝，早在四百多年前西班牙占領臺灣北部地區時，就已經有設立一個堡壘，依據中研

▲ 白米甕砲台東側的小山丘是白米甕尖，經過登山步道可以順遊基隆燈塔。

▲ 白米甕砲台興建於日本時代，西側是台電協和發電廠的三支煙囪。

院翁佳音研究員的考證，在荷蘭人的「臺灣日記」內就有記載，西班牙人在此建立了一座建築甚美的圓塔，名稱叫作米蘭堡壘（St. Milaen），可惜目前並沒有留存下來。

目前的砲台是在日本時代，因應日俄戰爭需求所興建，砲台西邊就是指揮所，設置在小山丘上的碉堡內，更西邊矗立三支被戲稱為「三支香」的煙囪，是台電的協和發電廠，興建於 1977 年，是臺灣唯一使用重油做燃料的火力發電廠。至於「白米甕」名稱的由來，據說是當地曾經有一個形狀像甕的洞穴，竟然會湧出白米而得名。

砲台東邊的白米甕尖海拔雖然僅為 102 公尺，不過因為居高臨下並且面對大海，所以其功能就是作為砲台的觀測所。從砲台到白米甕尖的階梯非常陡峭，不過僅需一百多公尺即可登頂，山頂有一顆高速圖根點基石。

　　沿著白米甕尖步道再往東邊下山，可以一覽無遺看到整個基隆港區，大約行走 400 多公尺，就會到達基隆燈塔，這座燈塔建於 1900 年，至 1962 年才改建為鋼筋混凝土圓塔。基隆燈塔就矗立在港口的西岸上，導引著往來的船隻，安全地進出港區。

　　遠眺基隆港區，會引人緬懷的故事就是發生在 1949 年的「太平輪船難事件」。

▲（左）白米甕尖海拔 102 公尺，山頂有一顆高速圖根點基石。（右）基隆燈塔興建於 1900 年，至 1962 年改建為現今的鋼筋混凝土圓塔。

1949 年太平輪沉沒

　　1949 年 1 月 27 日 23 時 45 分，再過 15 分鐘就是除夕，一艘滿載遊客的客輪——太平輪，從上海開往基隆的途中與一艘運載木材的貨輪——建元輪相撞，兩艘船均相繼沉沒，造成太平輪共有 932 人罹難，只有 50 多人生還。這是臺灣歷史上死亡人數最多的海難，號稱是「東方鐵達尼號事件」，太平輪從此沉入大海，永遠無法到達它的目的地——基隆港。

　　時間回推到 1949 年的國共內戰，當時國民政府岌岌可危，許多人急於逃離戰火，而且這又是小年夜前最後一個船班，能夠買到船票的人非富即貴，除了 124 位船員外，共有 508 人花大錢與金條，購得船票，但竟有 300 人沒有購票，而是透過各種關係也上了船，船上有許多赫赫有名的乘客，例如前遼寧省主席徐箴、山西省主席邱仰浚、神探李昌鈺之父李浩民、知名音樂家吳伯超等人。

▲（左）太平輪的報紙廣告。（右）1949 年 2 月 1 日《大公報》，以「大慘案」為題，報導了太平輪意外事件。

太平輪原本預計早上 10 點啟航，為了等待重要物品上船，延遲到下午 4 點 18 分才出發，載運的貨品包括《東南日報》整套的印刷設備和白報紙 100 多噸。另外，為了等中央銀行的重要文件 1,317 箱上船，造成開船的第一次拖延；第二次則是為了等待 600 噸的鋼條上船，離譜的是，事發之後居然查不出鋼條的送貨人和收貨人是誰。

由於時局不穩，為了增加航行的隱蔽性，太平輪行駛時並沒有開啟航行燈，又因為當時的黃浦江晚間 6 點就會實施戒嚴，嚴禁船隻通行，所以太平輪便加速行駛，以免遇上宵禁時間。之後，太平輪雖然順利駛出了吳淞口，但卻在舟山群島附近，攔腰撞上了貨輪建元輪，當時建元輪不到 5 分鐘即告沉沒，而太平輪的船長則想往附近的島嶼靠岸，沒想到距岸邊僅不到 500 公尺的地方，船體急速下沉也告全部沒頂。

船難發生後的 4 個小時，至少有 5 艘輪船經過附近海域，因為處於戰亂時期，或因擔心惹上麻煩，竟然都視若無睹地開走。由於冬天的海水極為冰冷，很快地，許多落海者都因失溫而亡，直到有一艘澳洲軍艦以及幾艘漁船終於願意伸出援手，最後總共救起五十多人，其餘一千多人均告失蹤或死亡。失事後的 2 週內，無助的家屬只好在報紙上不斷刊登尋人啟事，希望能夠找到親屬或屍體。

這些所謂「失蹤」的旅客，當然大多已經成為海上的冤魂，刊登尋人啟事也不過是聊備一格。但當年竟然發生一起死而復生的奇聞——有一位粵籍軍官失蹤月餘，家屬也已經在辦理後事，沒想到 3 月 1 日該軍官安好返家，嚇壞正在祭奠的親友。原來當時有些旅客被漁船搭救，由於傷勢很重，就暫且留在鄉下就醫，加上當時通訊不方便，無法通知家屬，直到傷癒後返家，才會發生「死而復生」的怪事。

太平輪所屬的保險公司——上海華泰，在出事後立刻宣布倒閉，於是太平輪的船東——中聯企業，被上海臨時法院判決必須賠償受難者，但是，

事後不到 4 個月，上海就已經被共產黨占領，中聯企業的兩艘貨輪也被共產黨接收，另有兩艘輪船則在高雄港被扣押，於是中聯企業也只好跟著宣布倒閉。因此在這樣的亂世之中，罹難者家屬幾乎無法取得任何的賠償。

這一個意外事件在 2014 年曾被拍成電影，由吳宇森導演，集合許多國內外巨星共同演出，黃曉明飾演將軍，將妻子宋慧喬送往臺灣後，終究不敵命運而戰死沙場；擔任軍醫的金城武與戀人長澤雅美，卻因在臺的日本人要被迫遣返而分離；為生活墮入風塵的章子怡和通訊兵隊長佟大為，在亂世中偶遇而惺惺相惜，這三對戀人刻骨銘心的愛情故事，交會在開往臺灣的最後一班客輪上，譜寫出大時代的一齣驚濤摯愛。

太平輪事件迄今還有很多未解的謎團，其中爭議最大的是太平輪有否載運黃金。根據歷史的考證，國民政府是在 1948 年 11 月開始籌劃將黃金運至臺灣，1949 年 1 月 2 日從上海載運第一批黃金 60 萬兩到臺灣，同年 1 月 20 日又載運了 90 萬兩的黃金，太平輪事發後的 2 月 6 日又移轉了 55

萬兩黃金，從這些日期推算，確實有相當的可能性，不過迄今並沒有證據證實這項傳聞，或許只有等待日後打撈太平輪後，才能真相大白了。

另外一個未解的謎團就是船難的原因——官

▲（左）1949 年 2 月 4 日《申報》刊出的太平輪尋人或屍體的啟事。
（右）當年《中央社》刊載搭乘太平輪的粵籍軍官失蹤月餘後，竟死而復生返家的新聞。

方認定為超載、超速和抄捷徑等三個原因，事後都被航運專家一一推翻，因為經計算，太平輪總載重為 2,093 公噸，尚在可以承載的重量範圍內。此外，從啟航到宵禁時間還有近 2 小時，這時間非常充裕可以駛出吳淞口，並沒有超速的必要。最後，舟山群島路線也被證實可供太平輪行駛，不存在抄捷徑的問題。另外，曾有倖存者證稱，大副因白天酒醉而交由三副掌舵，而三副在交班前已提前離開崗位，導致事發時沒有人在駕駛艙，但是這位證人後來又翻供，而且當事人均已罹難而無法對證。

那麼到底這起重大船難原因為何？經我的考證相關資料推論，很難歸咎於單一原因，但如果一定要說出一個主因，那就是時局戰亂而導致的。為了逃離戰火，大量乘客和貨物均爭先恐後擠上船，為了躲避可能的危險而未開啟航行燈，為了盡快趕抵基隆，輪船加快了航行的速度，這慌亂的世局讓所有的人和事，加疊積累了風險，而導致船難的發生。

▲ （左）太平輪船難中幸運的倖存者合照。（右）當年載運民國政府黃金的木桶。

船難發生後，基隆港東岸樹立了「太平輪遇難旅客紀念碑」，悼念近千名太平輪旅客。當我也來到紀念碑前，追悼著這個時代的悲劇，當年這些旅客因為戰亂而急於逃離家園，卻不幸遇難永遠沉入大海。若不是有戰爭，他們也無需骨肉分離，人生結局也不至於悲慘地戛然而止。戰爭讓醜惡的人性顯露，也因此讓深愛的人離別，所以與其追悼過去的悲劇，或許不如珍惜現在的和平與繁榮。

👣 白米甕尖建議行程

白米甕砲台 ▸ 白米甕尖 ▸ 基隆燈塔 ▸ 光華路 ▸ 太白莊 ▸
白米甕砲台

距離 1.9 公里，步行時間 1 小時。

7-3
五分山：歷史上最致命的颱風
（1959 年八七水災）

 歷史故事

新北市的五分山，山頂上有顆大圓球狀的氣象雷達，是北臺灣重要的氣象觀測據點，就讓我帶大家走訪壯觀的五分山，並回顧歷史上有哪些致命的颱風。

五分山是新北市知名的一座郊山，因其步道蜿蜒盤據在稜線之上，氣勢壯觀而被暱稱為「小萬里長城」，又如果是秋天的季節造訪，白芒一片宛若滿山積雪，更別有一番的風味。

五分山頂有顆大圓球，讓這一座山的辨識度很高，圓球其實是氣象雷達，負責偵測回波的訊號，提供給民眾更準確的預測。

▲ 從苦寮坑起登五分山，路徑清幽舒適。

攀登五分山，有兩個較熱門的登山口，一個在平溪煤礦博物館，另一個則是荖寮坑登山口。前者階梯頗為濕滑，後者路徑清幽而樸實，相較之下比較自然而舒適，所以，我這一天選擇從荖寮坑起登，登山口附近有十幾個停車位，也有流動廁所等設施。

沿著暖東舊道而上，一路上可以伴著小溪淙淙的聲音，甚至可以下到小溪戲水，確實是一條優質的步道。暖東舊道是過去淡蘭古道中路的一段，由基隆暖暖經荖寮坑後，再翻越過五分山，下至十分寮老街，然後繼續往宜蘭逶迤而去。

在越嶺的稜線上，有一座土地公廟稱為嶺頭福德宮，歷史超過 200 年。嶺頭福德宮剛好是一個岔路口，除了越嶺往十分以外，同時稜線也是「五四縱走」的路線，左轉可以走往五分山，右轉則可往四分尾山。而在福德宮上方僅 1 分鐘路程的地方，就是海拔 550 公尺的頂子寮山，有一顆無名基石。

沿著五分山稜線步道而行，在 2.9K 里程碑附近，有一個通往龍門山的叉路指示牌，進入這個原始山路約 3 分鐘，就可以抵達海拔 740 公尺的五

▲（左）步道上的石棚土地公就是古道的最佳證明，百年來還繼續保佑著來往旅客的平安。（右）海拔 550 公尺的頂子寮山。

台北測候所 18 角樓 摘自「台灣氣象報文
1897 年 12 月建成 30,281 日圓
臺 北 測 候 所

▲（左）海拔為 757 公尺的五分山頂，名列第 12 號小百岳。（右）位於臺北公園路的中央氣象局，前身是臺北測候所，曾經是一棟正 18 角形的磚造建築，被暱稱為「18 角樓」。

分山西峰，西峰號稱是「基隆市實際最高峰」，不過因為西峰早先只是一個無名山峰，所以官方名義上基隆市的最高峰，還是被認定為 729 公尺的姜子寮山。

　　五分山的海拔為 757 公尺，有 1065 號二等三角點及 1038 號三等三角點基石各一顆，也列入第 12 號小百岳。山頂有白色大圓球是五分山的特色，這顆大圓球是氣象雷達，設立於 1990 年，曾於 1996 年和 2015 年二度被颱風摧毀，2016 年底修復時，由一顆變成二顆，大顆測遠距離，小顆測近距離，資料可以更加完整準確。

　　順帶一提，五分山雷達氣象站隸屬於中央氣象局，而氣象局的前身是 1896 年成立的總督府測候所，初期共設立臺北、臺中、臺南、恆春及澎湖島共 5 個測候所，其中臺北測候所就蓋在目前公園路氣象局現址，1934 年改為臺北觀測所，戰後改稱為氣象局。早年的臺北測候所是一棟正十八角形的獨特磚造建築。

1959 年八七水災

回顧清朝時代的臺灣，研判最嚴重的風災發生在康熙年間的 1721 年 8 月 13 日，在當時臺灣官員藍鼎元所著《平臺紀略》中記載：「怪風暴雨，屋瓦齊飛。風雨中流火條條，竟夜燭天。海水驟漲，所泊臺港大小船，擊碎殆盡，或飄而上之平陸。拔大樹，傾牆垣，萬姓哀號，無容身地。」壓溺死竟高達數千人，可稱得上是歷史上最致命的颱風了，不過畢竟當時尚未建立氣象技術，對於颱風的觀測只留下文字的紀錄。

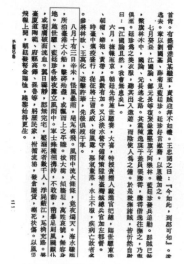

▲ 清朝的臺灣官員藍鼎元所著的《平臺紀略》記載了康熙年間致命的颱風。

到了日本時代，才有了比較詳細的氣象觀測，當時第一個造成致命災害的颱風被稱為「3 號颱風」，發生於 1898 年 8 月 6 日，當時 3 號颱風所帶來的豪雨，造成淡水河高漲，至當晚 8 點半即已經溢出河岸，暴雨卻持續下到 7 日清晨，使得河面竟然比平常高出 6.83 公尺，颱風雖然沒有直接登陸臺灣，但當時基隆風速測得每秒 43 公尺，其颱風路徑如圖中紅線所示。

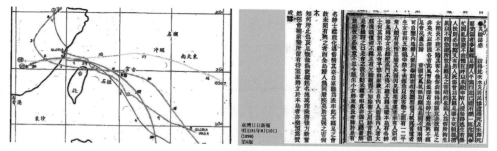

臺灣日日新報
明治31年8月10日
(1898)
第6版

▲ （左）周明德論文中記載 1898 年的 3 號颱風的路徑（圖中紅線所示）。（右）《臺灣日日新報》報導 3 號颱風傷亡慘重，部分原因是當時婦人纏足導致逃跑不易，力倡導正陋習。

3 號颱風造成淡水河溢堤使得臺北盆地大淹水，低窪地區竟深達 3 至 4 公尺，主要街道如大稻埕水位也達 1.8 公尺，直到清晨暴風雨才稍歇。事後統計，臺北地區死亡和失蹤人數超過 400 人以上，史稱「戊戌大水災」。《臺灣日日新報》在同年 8 月 10 日還曾報導，認為是因為許多婦人「纏足」，淹水時逃跑不易，才導致如此慘重的傷亡，力倡未來應該導正此一陋習。

　　此後，又一致命的颱風發生在 1911 年 8 月 31 日——第 52 號颱風。從當天早晨就開始肆虐北臺灣，直到午夜颱風登陸基隆附近，其間的狂風暴雨未曾稍歇，一舉打破淡水河最高水位紀錄，造成臺北盆地大淹水，嚴重程度更甚 3 號颱風。據統計，臺北房屋毀損超過 2 萬 9 千幢，死亡超過 451 人。

　　而在臺灣歷史上名列第二的最致命的颱風，則是發生在 2009 年 8 月 8 日的「莫拉克風災」，又稱為「八八風災」。當年莫拉克颱風在 8 月 7 日 23 時 50 分登陸花蓮，雖然只是中度颱風，但是帶來的豪雨打破歷史紀錄，在阿里山降下 3,060 公釐，創下臺灣歷史上最高雨量紀錄，當時高雄山區的小林村因土石流被滅村。八八風災總計造成死亡和失蹤人數，高達 699 人。

　　回溯臺灣歷史上最致命的水災，是發生在 1959 年 8 月 7 日的「八七水災」。但造成八七水災的竟然不是颱風，而僅僅只是一個熱帶性低氣壓，因為低氣壓的滯留，使得超大豪雨在 8 月 7 日晚上 6 點開始降下，持續一天

▲ 1911 年的第 52 號颱風造成臺北盆地水患，當時水已漸退的照片，但後方仍可看到嚴重毀損的房屋。

▲（左）八七水災時被洪水沖毀的大肚溪鐵橋。（右）八七水災創下臺灣歷史上死亡人數最高的水災紀錄，當時洪水褪去後，受災區一片狼藉。

一夜的暴雨讓全臺民眾根本不敢闔眼，單日最大降雨量超過 1,000 釐米，導致中南部各地都山洪大暴發，河川也都不堪負荷而決堤，形成臺灣歷史上最嚴重的水災。

　　八七水災造成災情最嚴重的區域在臺灣中南部，尤其，大肚溪於 7 日晚上決堤，大水沖進彰化縣，8 日中午彰化市各地淹水，水深最淺也有 3 公尺。北港溪也因水位高過堤防，洪水造成雲林縣的嚴重災情，苗栗的打哪叭溪、嘉義八掌溪和臺南曾文溪等，都因河水暴漲而潰堤或越過堤防，使得這些縣市均因灌入空前洪水導致災情四起。

　　經統計，八七水災當年造成死亡和失蹤人數高達 1,075 人，創下臺灣歷史上死亡人數最高的水災紀錄，傷亡人數以彰化、南投和臺中最為嚴重，另外受災居民超過 30 萬人，房屋毀損也超過 4 萬 5 千幢。由於我是臺中大里人，小時候，常聽大人們講起八七水災時有數位親戚被水沖走，那種心有餘悸的感覺，在我心裡留下很深刻的記憶。

　　俗話雖說：「天有不測風雲」，不過從臺灣早期設立的測候所、觀測

所、氣象台，到目前的中央氣象署，隨著氣象單位的完善與科技的進步，對於颱風的動向，已經愈來愈具備預測的能力，對於過去氣象人員的努力與貢獻，我們應該給予高度肯定。像是我的好友臺大理學院院長，也是臺灣研究颱風的大師吳俊傑教授，帶著學生到五分山氣象站參訪實習，傳承過去、展望未來，期待這些氣象學者的努力，可供人們更充分準備，讓致命的颱風永遠不會再發生。

▲ 臺大理學院院長，同時是臺灣研究颱風的大師吳俊傑教授，帶著學生到五分山氣象站參訪實習。

五分山建議行程

莘寮坑登山口 ▶ 暖東舊道 ▶ 石棚土地公 ▶ 嶺頭福德宮 ▶ 頂子寮山 ▶
五分山步道 ▶ 五分山西峰 ▶ 五分山 ▶ 原路回程 ▶ 嶺頭福德宮 ▶ 暖東
舊道 ▶ 莘寮坑煤礦園區 ▶ 莘寮坑登山口

距離 7.64 公里，步行時間約 3 小時 50 分。

基隆市

- P.41　球子山：球子山燈塔、球子山
- P.49　紅淡山：寶明寺、紅淡山、佛光洞
- P.199　白米甕尖：白米甕尖、基隆燈塔、白米甕砲台、太平輪紀念碑

臺北市

- P.34　金面山：清代採石場、剪刀石山
- P.58　芝山岩：學務官僚遭難之碑、同歸所、惠濟宮、北隘門
- P.79　貴子坑步道：小坪頂山、情人湖
- P.96　虎山峰：松山一坑、豹山峰、虎山峰
- P.105　竹子湖：百年木炭窯、中正山
- P.145　大崙頭尾山：大崙尾山、大崙頭山
- P.162　大師岩：普濟寺、溫泉博物館、天狗庵遺址、法船石、大師岩

桃園市

- P.72　頭寮山：三井林嵩壽基石、頭寮山、舊百吉隧道
- P.129　齋明寺古道：齋明寺、桃園古圳供養塔石碑

新竹縣市

- P.12　五指山：拇指峰、食中指峰、無名指峰、小指峰
- P.122　十八尖山：十八尖山、十八尖山
- P.136　飛鳳山：石壁潭山、中飛鳳山

新北市

- P.180　瑞芳四秀：龍潭山、瑞芳山、秀崎山、白象山、潛龍在淵石碣
- P.207　五分山：頂子寮山、五分山西峰、五分山、嶺頭福德宮

一山·一故事 2 打卡景點
～凡走過必留下足跡

宜蘭縣
- ☐ **P.26** 朝陽步道：烏石鼻觀景台、龜山
- ☐ **P.172** 南澳古道：南澳古道意象牌、莎韻之鐘

臺中市
- ☐ **P.18** 阿罩霧山：阿罩霧山
- ☐ **P.190** 臺中一中：勿負今日碑、建校紀念碑

苗栗縣
- ☐ **P.65** 通霄虎頭山：通霄神社、虎頭山
- ☐ **P.154** 出關古道聖關段：關刀山

嘉義縣市
- ☐ **P.113** 大塔山：二代木、大塔山

臺南市
- ☐ **P.88** 竹子尖山：觀音寺、竹子尖山

人文旅遊 3037

一山‧一故事 2：科技人的歷史旅記

作者　　　邱求慧
主編　　　林正文
封面設計　楊佩琪
江麗姿　　江麗姿

董事長　　趙政岷
出版者　　時報文化出版企業股份有限公司
　　　　　10819 台北市和平西路三段 240 號 7 樓
　　　　　發行專線　　02-2306-6842
　　　　　讀者服務專線　0800-231-705、02-2304-7103
　　　　　讀者服務傳真　02-2304-6858
　　　　　郵撥　　　19344724 時報文化出版公司
　　　　　信箱　　　10899 台北華江橋郵局第九九信箱
時報悅讀網 http://www.readingtimes.com.tw
法律顧問　理律法律事務所 陳長文律師、李念祖律師
印刷　　　和楹印刷有限公司
一版一刷　二〇二四年五月
定價　　　新台幣三八〇元
　　　　　（缺頁或破損的書，請寄回更換）

時報文化出版公司成立於一九七五年，並於
一九九九年股票上櫃公開發行，於二〇〇八年
脫離中時集團非屬旺中，以「尊重智慧與創意
的文化事業」為信念。

本作品中文繁體版通過成都天鳶文化傳播有限
公司代理，由白鯨文化傳媒（天津）有限責任
公司授予時報文化出版企業股份有限公司獨家
出版發行，非經書面同意，不得以任何形式，
任意重製轉載。

一山‧一故事 2：科技人的歷史旅記 / 邱求慧作 . --
一版 . -- 臺北市：時報文化出版企業股份有限公司，
2023.09
　面；　公分 . -- (人文旅遊；3037)

ISBN 978-626-374-293-2(平裝)
1.CST: 人文地理 2.CST: 臺灣史

733.21　　　　　　　　　　　　　　112014168

ISBN　978-626-374-293-2
Printed in Taiwan